日本経済
失敗の本質

Japanese economy
the essence of
failure

三橋貴明

誤った貨幣観が国を滅ぼす

小学館

日本経済 失敗の本質

Japanese economy the essence of failure

誤った貨幣観が国を滅ぼす

三橋貴明

小学館

はじめに

江戸時代に各藩の領主が百姓に課した重税を象徴する言葉に「五公五民」がある。収穫の半分を召し上げ、残り半分を領民の取り分とする方法だ。何が起こったか。ご存じの方も多いと思うが、「百姓一揆」の多発である。その数、3200あまりとされている。また、同時に小作人たちが飢え死にするという悲劇も多発した。

2010年頃の国民負担率（税金と社会保障負担）は30％台だったが、2022年の調査では47・5％の見込みだ。1997年以降、国民の所得は下落状況の上に（2022年に発表された国税庁の『民間給与実態統計調査』によると平均給与443万円）、増税と社会保険料アップが繰り返されたためだ。

つまり、江戸時代の感覚でいえば、いつ一揆が起きて、飢え死にする国民が出ても不思議ではないレベルに達しているのだ(すでに経済的困窮から多数の自殺者は出ているが)。そこに加えて、2022年には、ロシア・ウクライナ戦争の影響などもあり、すさまじい物価高が襲いかかってきた。

本来ならば、こういうときにこそ国家が救いの手を差し伸べるべきであろう。

筆者はかねてから消費税に否定的な立場を取ってきた。詳細は本文に譲るとして、2022年10月発表の政府の総合経済対策の財政支出は約39兆円であるため、1年間は消費税（年間約26兆円）をゼロにできる計算だ（本来は恒久的に廃止が望ましい）。

しかし、岸田文雄政権は消費税減税どころか、増税に舵《かじ》を切ってきた。

ご存じのように大幅増となる防衛予算の財源は、法人税、所得税、たばこ税の増税が想定されている。コストプッシュ型インフレに国民が苦しみ、実質賃金が対前年度比で大きく落ち込んでいる状況下にもかかわらずに、だ。食料やエネルギーとともに国防も安全保障であるため、増強することに異議はない。しかし、その予算を増税で賄うというのはおかしい。詳しくは本文で触れるが、国債を発行すればよいだけの話なのだ（ちなみに国債を国の借金と勘違いしている方が多いが、実は違う。国債は国庫債券の略）。

岸田政権は「増税に不退転の決意で臨んで」おり自民党内の積極財政派、あるいは増税反対派の反発も無視して突っ走った。

日本銀行では植田和男・新日銀総裁をトップとする新体制がスタートした。植田氏は、現在の金融緩和策を「副作用が少ない形で継続する」と継承することを示した。だが、岸田政権は正反対の考えであるとされる。日銀は政府が株式の55％を持つ事実上の子会社である。子会社の「社長」である植田氏が親会社である政府の方針に従うのは当たり前だろう。

さらに金融政策は、総裁を含む政策委員9人による議決できまる。新体制では金融緩和に積極的な委員は少数派にもなった。事実上、岸田政権の意のままである。利上げ方向に舵を切れば、景気は確実にマイナスに作用する。この難局を植田氏は乗り切ることができるのか。かなり厳しいといわざるを得ない。

岸田政権前からだが、どこか、大東亜戦争と酷似していないか。政府が圧倒的な力を持ち、一方的に物事を決めていき、勝ち目のない戦争に突っ込む。そして、国威発揚のため、大本営発表「だけ」を垂れ流し、メディアが煽《あお》る。国民は「欲しがりません、勝つまでは」のスローガンのもと、困窮生活を強いられた。

本来ならば国会で論議を重ねて決める必要があるような案件も、そこでの論戦を避けてすべて閣議決定だけで決めてしまうなど、暴走した先の大戦時の軍部と何ら変わらない。敗戦後、日本は奇跡ともいえる経済成長で世界二位の経済大国に上り詰めた。しかし、1991年にバブル崩壊。もっとも、その後もしばらくの間は、国民の賃金は上がり続けていた。転機となったのは冒頭でも触れた1997年だ。3%から5%への消費税増税がきっかけである。その後、数多《あまた》の政権による失政によって、我が国はひたすら右肩下がりの状況に陥った。

日本経済の「失敗の本質」はどこにあるのか。それを分析したのが本書である。

ロシア・ウクライナ戦争が勃発、中国の相次ぐ挑発で尖閣《せんかく》諸島の危機、北朝鮮による度重なるミサイル発射と、日本に戦争という厄災が降りかかってもおかしくない。

十九世紀のドイツの鉄血宰相、オットー・フォン・ビスマルクの有名な言葉に「愚者は経験に学び、賢者は歴史に学ぶ」というものがある。ビスマルクの言葉に倣《なら》い、世界における戦争の歴史を繙《ひもと》くことから始め、現代日本の実状をできるだけ詳しく記したつもりである。

目次

第2章 大東亜戦争期と酷似する現在の日本政府

第3章 狂った貨幣観と大本営と化した財務省

おわりに

第1章

Japanese economy
the essence of failure

なぜ戦争は起きるのか

生存目的のために共同体を構成する

人間に限らず、多くの生物の存在理由は「生存」と「繁殖」である。生存し、繁殖するために、生物は群れを、人間でいえば「共同体」を作る。理由は簡単で、そちらの方が生存と繁殖の「確率」が上昇するためだ。

一匹狼という言葉があるが、オオカミも普通は群れで生活する。もっとも、オオカミの中には、群れを離れて移籍先を探す若い一頭が時たま見られる。珍しい光景であるからこそ「一匹狼」という言葉が生まれた。そして、一匹狼の多くは、生き延びられない。

トラやオランウータンは、基本は群れずに、一頭で暮らす。理由は、そちらの方が生存確率が高いためだ。オランウータンの場合、一頭が生き延びるために必要な果実の量が非常に多い。果実の少ない熱帯雨林で生き残るためには、むしろ群れてはいけない。

トラは、獲物を倒した後に、横取りを狙ってくる哺乳類（ハイエナなど）の脅威が存在しない生息圏で暮らしている。また、オランウータンにしても、トラにしても、繁殖のためには番《つがい》を作らざるを得ないのはいうまでもない。

ライオンやオオカミの場合、「群れ」で狩りをした方が、獲物を獲得できる「確率」が上がる。「個」ではなく、「共同体」を構成することで、生存確率を引き上げているのだ。獲物を倒すためにも、倒した獲物を横取りされないためにも、群れを形成しなければならない。

大型哺乳類の多くは群れを形成し、一部は孤立して暮らす。とはいえ、理由は共通しており「生存確率を上げるため」である。生存確率が上がるならば群れる。あるいは、群れない。すべては生存目的が理由で「スタイル」が決まっている。

それでは、人類はどうなのか。人類こそ、群れ、「共同体」を構築しなければ生きていけない種の代表株である。これは、能力ではなく、あくまで確率の問題だ。

農耕・牧畜生活が始まる前、人類のすべては「採取・狩猟・漁労」で生業を立てていた。たとえば、人類が集団を織りなさず、それぞれが、せいぜい「家族」という単位の共同体で生活していた場合、どうなるだろうか。

たまたま家族を養うに十分な獲物や木の実が採れる日があるかもしれない。とはいえ、収穫物の量は自然環境次第である。というよりも「運」に依存する。運悪く、十分な獲物が捕れなかった場合、途端に自分を含めた家族は飢える。

アフリカで誕生した人間の祖先は、約7万年前にホモ・サピエンスとしてユーラシアへの移動を開始したと考えられている（出アフリカ）。我々の祖先は、アラビア半島からユーラシア各地へと拡散していった。

初期人類は狩猟生活が中心だったと考えられているが、共同体が成立していなかった場合、全員が自分（および家族）のために必要な食料を「定期的」に獲得する確率は、極めて低い。要するに、生き延びられない。

共同体を構成し「連携」して獲物を狩る方が、「全員」が食料を獲得できる割合は、はるかに高まる。しかも、個人では不可能な大型哺乳類の狩りも容易になる。

人間は原初の頃から、共同体なしでは生きられない生物なのだ。厳密には、共同体から孤立して「生き延びる」ことは不可能ではないが、困難極まることは疑いない。

「自分は一人でも生きていける」

と主張する者は、国家という共同体が提供してくれるインフラや、他者が生産する財やサービスと無縁に生きる必要がある。電気やガスや水道を使ってはならない。道路や自動車なども利用禁止。衣食住を始めとするすべての需要を「自分一人で」満たさなければならない。

人間は空気なしでは三分、砂漠などの過酷な環境では三時間、水なしでは三日間、食料なしでは三週間で死ぬ。

病気になったとしても、共同体が提供してくれる医療サービスは使えない。非友好的な勢力から攻撃を受けた際は、たった一人で撃退しなければならない。自然災害に対しても、一人で立ち向かう必要がある。

それが「一人で生きる」ということだ。

十八世紀のイギリスの小説家ダニエル・デフォーの小説『ロビンソン・クルーソー』では、主人公は幸運なことに、難破した船から木材、銃などの武器、道具、鉄製品などを運び出すことができた。もちろん、未踏のカリブ海で遭難している時点で「幸運」ではないわけだが、船が都合よく海岸から行き来できるところに座礁していなかった場合、クルーソーはまさしく「着の身着のまま」で無人島に放り出されたことになる。その場合、一か月生き延びることすら不可能で、物語はそこで終わってしまっていただろう。

生産の連鎖の上で生きている

現代を生きる我々も、共同体に属することで生存確率を高めている。

共同体（Community）について、本書では同じ地域に居住し、利害をともにし、政治・経済・風俗などにおいて深く結びついている「人間」の集まりと定義しよう。

一般的に、共同体はゲマインシャフト（地縁、血縁、友情などにより自然発生した有機的な社会集団）と、ゲゼルシャフト（利益や機能を追求することで、人為的に形成されていく社会集団）の二つに大別される。

それでは、共同体とはいかなる機能を提供してくれるのだろうか。

ずばり「権利の認定」「生産性が高い経済」「安全保障」の三つになる。「人間」は何らかの共同体に属さない限り、無権利状態となり、生産性が低い経済の下で貧困に苦しみ、非常事態に対応ができない。

小説『ロビンソン・クルーソー』では、島で病気になってしまったクルーソーが、激烈な発作、悪寒、熱に苦しめられることになった。クルーソーは、何の助けもない、誰の助けもない環境下で熱病に苦しみ、死ぬほどの恐怖に襲われるが、食料や水の調達すらできなくなった彼が、

「自分には生き延びる権利がある！」

と、叫んだところで、どうにもならない。クルーソーの「生きる権利」を認めてくれる

共同体は、彼の周囲には存在していないからだ。

クルーソーは、幸いにも回復し、神に感謝を捧げたが、別に彼が信じる神が「ロビンソンの生きる権利」を認めてくれたわけではない。

さらに、クルーソーはデフォーが設定した「最低限の道具」のみを用いて食料や水、住居の獲得を続けざるを得なかった。「一人ですべてをやる」自給自足の生産活動は、分業と専門化が成立している状況と比べ、著しく生産性が低い。

生産性とは、「生産者一人当たりの財やサービスの生産量」という定義になる。一人の生産者が一日に1個生産する。別の生産者は、一日に2個生産することが可能。この場合、後者の生産者の方が前者よりも「生産性が高い」と表現するわけだ。

経済成長（＝豊かさの追求）は「生産性の向上」以外では達成できない。生産者一人当たりの生産量を増加させる必要があるのだ。

生産性向上の手段は、基本的には「投資」になるが、十八世紀のイギリスの経済学者アダム・スミスは『国富論』において、ピン生産の現場を取材し、「分業」の効果を絶賛している。

ピンの製造現場では、分業と専門特化により、10人で一日4万8000本ものピンの生産が可能だった。彼らがみな個々別々に働き、またどれもが特定の仕事について教育されていなければ工員たちは一日に1本のピンも造ることができない。

分業し、専門特化することで、一人当たりの生産量は激増する。自らは使用しない生産物を、他者の需要に供給し、逆に他者の生産した生産物で、自らの需要を満たす。これが、現在に至るまでの「経済」の基本となる。

経済とは「共同体」そのものである。

逆にいえば、共同体に属していない者は、「高生産性経済」の恩恵に浴せない。常に、自らが必要とする財やサービスの不足に苦しむことになる。

また、

『富を作り出す力は、だから富そのものよりも無限に重要である』

という言葉で有名な十九世紀のドイツの経済学者フリードリッヒ・リストは、経済発展や経済成長といった現象を、分業と結合による収穫逓増現象と理解した。収穫逓増とは、生産要素を投入すればするほど、一単位あたりの生産量が増えていく現象だ。要するに、生産性が継続的に高まっていく経済である。

リストは、具体的には「法律」「貨幣」「度量衡」「警察」「司法制度」「輸送手段」など

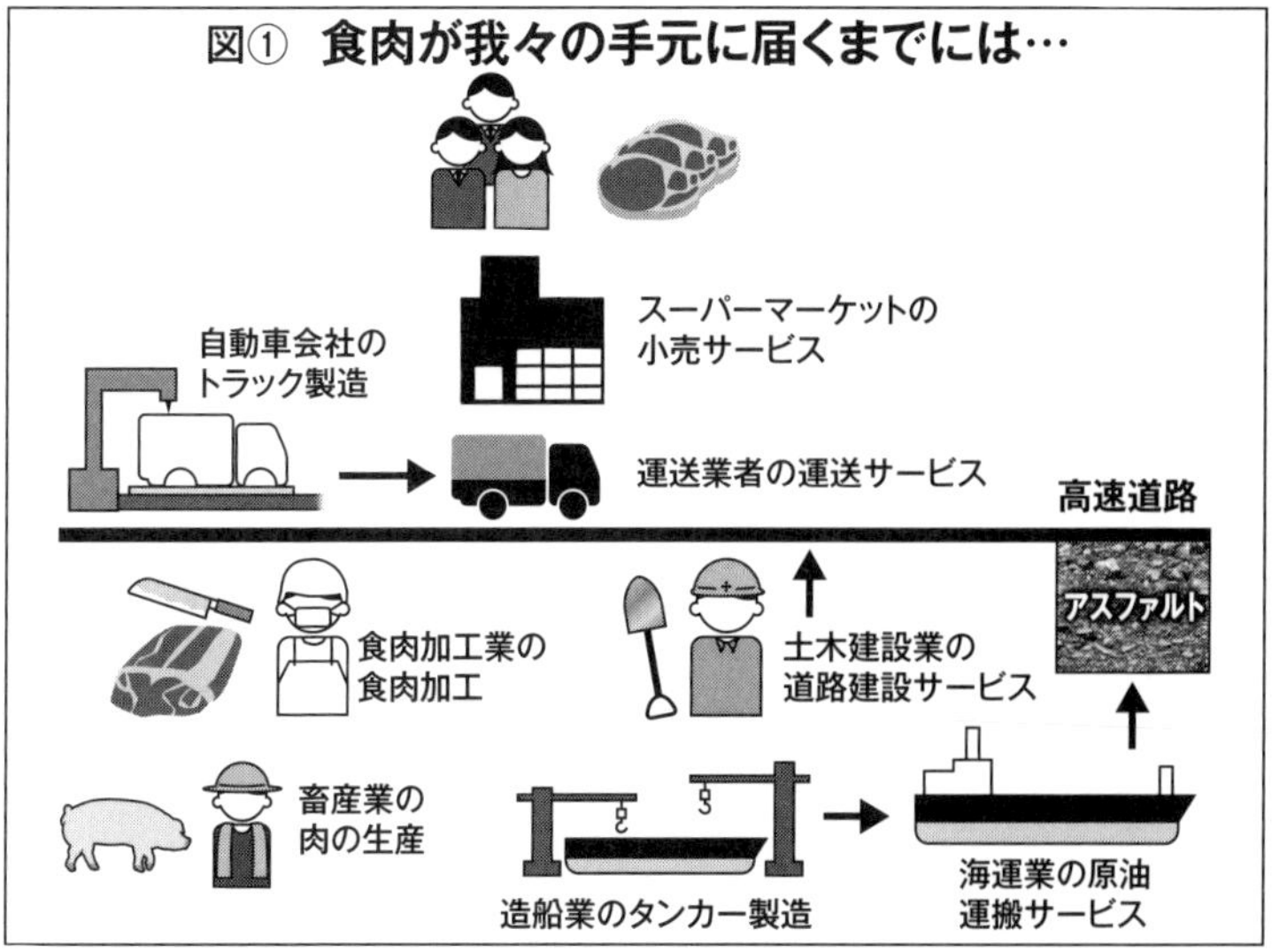

の「制度」が生産性を向上させると説明した。この種の生産活動のための基盤を、リストは「生産諸力」と名づけた。そして、生産諸力を共有する人々のことを「国民（ネイション）」と呼んだ。

『国民こそが生産諸力の源泉であり、国民全体の生産諸力は、国民を構成する諸個人の生産力の総計よりも大きい（『政治経済学の国民的体系』正不一夫訳、春秋社）』

国家に代表される共同体を構成し、生産諸力と労働を共有することで、人間は「飢え」から解放される確率が高まる。すなわち、生存確率が上昇するのである。

我々は「生産の連鎖」の上で生きてい

る（図①）。

我々がスーパーマーケットで肉を買うケースを考えてみよう。一般的に、普通の人は、「自分はスーパーで売っている肉を買っている」と考えるだろうが、陳列棚に新鮮な肉が積まれるまで、どれだけ膨大な国民（生産者）が働いているのか、一度、想像してみて欲しい。

畜産業が家畜を生産する。家畜は食肉加工場に運ばれ、食肉となる。食肉は高速道路を通り、スーパーマーケットまで運ばれる。高速道路を走った運搬車両は、自動車製造業の生産物だ。高速道路を建設したのは、もちろん土木・建設業。さらに、高速道路のアスファルトの原料は原油である。原油の多くは、遠き中東産だ。海運業がタンカーで原油を運んでくれなければ、アスファルトの道路は建設できない。海運業が使用するタンカーは、造船業が製造している。タンカーにせよ、自動車にせよ、原材料の多くは外国からの輸入であるため、やはり海運業の生産者が働かなければならない。

膨大な人々が働き、ようやく食肉が鮮度を維持したままスーパーマーケットに運ばれ、小売業に納品される。小売業が運送業により運ばれた食肉を鮮度管理しつつ、棚に陳列する。無論、食肉が痛まないように膨大な電気を使って、である。電気は、電力産業が安定的に供給してくれなければならない。安定的な電力サービスのためには、電力源（多くは鉱物性燃料）の確保と、運搬。発電所における発電と、送電網・変電所・配電網を経由し、スーパーマーケットに電気が送られる。発電所や送配電ネットワーク建設のためにも、膨大な生産者が働かなければならない。

我々がスーパーマーケットで「新鮮な肉を買う」だけで、これだけ多種多様かつ巨大な「生産の連鎖」が存在しているのである。この種の生産の連鎖を「個人」で実現するなど不可能だ。共同体内で各人が専門的に働き、生産が有機的に結びつけられない限り、我々は新鮮な肉一つ手に入れることすらできない。

これが現実だ。

ロビンソン・クルーソーでいえば、カリブ海の無人島でクルーソーが一人で暮らしていた時代よりも、フライデーが訪れた以降の方が確実に生産性は高くなる。各人が分担し合い、互いに「相手のため」に働くことで、生産される財やサービスの量は確実に「二倍以上」に増える。

アダム・スミスのピンの生産ほどでなくとも、生産者の数が一人から二人に増えるだけで、生産性は高まるのだ。「1＋1＝2」ではない。「1＋1≧2」となるのが経済なのである。共同体の存在こそが、全体の生産性を高め、我々を飢えから守る。

安全保障のためにも共同体は必要不可欠

そして、安全保障だ。安全保障とは、

「非常事態に備える」

「非常事態が発生した際には、速やかに原状復帰させる」

という意味になる。しかも、安全保障は「防衛」に限らず、「防災」「防犯」「食料」「エネルギー」「医療」「物流」などなど、多岐にわたる。

その上、安全保障は足し算ではなく掛け算だ。どれか一つでもゼロとなると、すべてがゼロになってしまう。

どれだけ強大な軍事力を誇る国であっても、食料が不足すればそれでおしまいだ。食料なしで戦える軍隊は存在しない。あるいは、電力供給が止まれば、その瞬間に防衛安全保障は成り立たなくなってしまう。

防衛に限らず、非常事態は「いつ」「どこで」「どの程度の規模で」発生するのか、事前には予測がつかない。しかも、多くの非常事態は平時からの移行期間が極めて短く、非常事態発生後に、各種安全保障サービスの供給能力を確保しようとしても、絶対に間に合わない。平時から「需要なし」の状況で、供給能力を維持し続ける必要があるのが安全保障なのだ。結果的に、安全保障はビジネスと極めて相性が悪い。

ビジネスの目的は、利益である。ビジネスは、需要に対し財やサービスを供給し、対価を受け取る。対価は、財やサービスの供給コストを上回らなければならない。また、需要が不安定の場合、ビジネスの継続は困難となる。安全保障は、

◆需要が不確実。
◆需要が皆無だったとしても、供給能力の維持が求められ、費用は発生し続ける。
◆需要が発生した場合、需要側に選択肢がほとんどなく、供給側が独占的にならざるを得ない。

といった特徴を持つ。独占供給が成立した状況で、ビジネスの論理を適用すると、莫大《ばくだい》な過剰利益が発生しがちになる。というわけで、安全保障は利益追求を目的としない「共

同体」により提供される必要があるのだ。

しかも、「非常事態という需要」については、可能な限り「想像力」を働かせる必要がある。次なる非常事態がいかなるものなのか、事前には誰も分からないのだ「最悪の非常事態」が発生したとしても国民を守る必要がある。それを「個人」で実現できるのか。考えるまでもない話だ。

大震災が発生した。我々は自分や自分の家族だけで生き延びることができるのか。外敵の侵略を受けた。我々は敵軍と一人で戦い、家族を守れるのか。不可能だ。だからこそ、共同体で人々が「互いに守り合う」ことで初めて、安全保障は成立する。

ジュール・ヴェルヌが十九世紀末に書いた『神秘の島』では、無人島で暮らす主人公たちは海賊の襲撃を受ける。海賊たちから身を守るために、主人公たちは連携し、役割を分担し合い、戦う必要があった。数十人の海賊の集団に、一人で立ち向かえるはずがない。

我々人間の生存確率を高めるのはもちろん、「権利の認定」「生産性が高い経済」「安全保障」のためにも、共同体は必須なのだ。人間は、共同体なしでは生きられない。

移民と戦争の大問題

グローバリズムは、財、サービス、ヒト、資本の国境を越えた移動を自由化するという考え方だ。厳密には、国境を越えた移動の自由化が「善である」と主張する主義（イズム）こそがグローバリズムになる。

国境とは、文字通り「国家という共同体の境」である。共同体という枠を超え、様々な要素が行き交うグローバリズムだが、特に重要なのは「人間（ヒト）」である、共同体に属さなければ生きられないはずの人間が、「共同体の向こう側」へと境を越える。

無論、観光の場合、話は別だ。外国人観光客は、やがて自らの共同体へと帰っていく。

それに対し、移民の場合はどうか。移民とは、国連統計委員会への国連事務総長報告書（1997年）では、

「通常の居住地以外の国に移動し、少なくとも十二か月間当該国に居住する人」

という定義になっている。外国人観光客とは異なり、移民は共同体で「暮らしている」ため、ネイティブな国民との間に、様々な軋轢《あつれき》が生じざるを得ない。移民とは、本来、帰属するべき共同体とは異なる社会で生きているわけだ。

共同体側からしてみれば、「共同体外」の人間に対し、権利の認定や生産性が高い経済、安全保障といった機能を提供するべきなのか、否か、という問題が生じる。特に分かりやすい例が、戦争だ。

A国の国民が、B国で外国人労働者として働いていた。その後、A国とB国が戦争状態に突入。B国で暮らしているA国民は、どうすればいいのか。あるいはB国の政府は、A国民をどのように扱えばよいのか。

B国政府、つまりはB国の「権力」が決めるしかない。というよりも、移民を推奨するグローバリズムは、A国とB国が戦争状態に陥ることを想定していない。グローバリズムは「平和」が前提なのだ。

平和が破壊された瞬間に、国家という各共同体は「闘争状態」に突入する。共同体に所属している人間は「自らの共同体」を守るために、時には生命を賭けて戦うことになる。共同体の喪失は、生存確率の著しい低下を意味するのだ。

我々が生存するために不可欠な共同体においては、それなりの秩序、ルールが存在せざるを得ない。所属する人間たちが「自由」「勝手気まま」に行動するのでは、現実問題として、共同体の維持は困難になる。

そして、各共同体において秩序を維持し、ルールを設定する存在を「権力」と呼ぶ。権力とは、ある主体が、相手にとって望まない行動を強制する力、という定義になる。

共同体に属する人間同士の利害が衝突し、対立関係が生じた際に、いかにして「秩序」「安定」「安全」を成立させればいいのか？　共同体の各人に「望まない行動」であっても強制することが可能な「強制力」が、どうしても必要になるのだ。

共同体に属する人間のすべてが聖人君子であっても、リソース（資源）の制約により、争いは常に起き得る。

たとえば、共同体内に四人家族が四つ存在したとして、食料が四人分しかない場合、どうなるか。それぞれの家族が「生き延びる」ことを目指す限り、争いを避けることは不可能である。争いは、特に「マズロー欲求段階説」の「下の段階」において顕著になる。

アメリカの心理学者アブラハム・マズロー（１９０８年～１９７０年）は「人間は自己実現に向かって絶えず成長する生きものである」との仮定に基づき、人間の欲求を五段階で理論化した。

マズローによると、人間には五段階の「欲求」があり、一つ下の欲求が満たされて初めて、上の欲求を満たそうとする。最も下の段階である生理的欲求とは、食欲、睡眠欲、排《はい》

図② マズローの欲求段階説

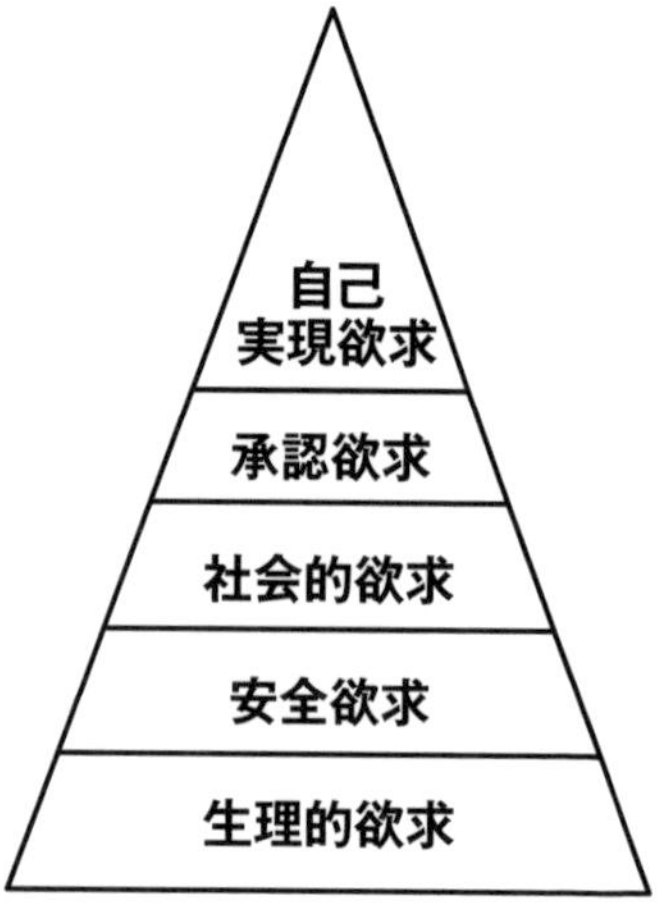

泄《せつ》欲等になるわけだが、日々の食料確保にすら苦労する状況では、人間は「生き延びる」以外の欲求は感じない。

生理的欲求が満たされた人間は、次は一段上の「安全欲求」を満たそうとする。安全欲求とは「安心・安全な暮らしへの欲求」である。一般の成人でいえば、雇用が安定し、所得が上昇していく「確信」があればあるほど、安全欲求が満たされていることになる（図②）。

特に人間の生理的欲求、安全欲求を満たすためには、共同体と権力が必須になる。先に、共同体の機能について「権利の認定」「生産性の向上」「安全保障」の三つであると解説した。これら機能を適切に提供するためにこそ、本来は「権力」が存在する。

◆権利の認定：共同体が構成員である人間の権利を認めた上で、権利を阻害する者を罰する強制力が必要になる。

◆生産性の向上：共同体全体で生産性を高める生産諸力を強化しようとした際、個人レベルでは損害を被る者が出てくる（例：道路建設が計画されている用地の保有者など）。さらには、生産諸力強化の恩恵は、構成員全員が「平等」に受けるわけではない。その上で、生産諸力を強化するためには、強制力が必要となる。

◆安全保障：非常事態への対処にしても、個人レベルでは損害を被る者が出てくる（例：ダム建設により沈む村の住人など）。その上で、全体の安全保障の強化を図る場合は、強制力が必要になる。

先の戦争の例でいえば、A国とB国が戦争状態に陥った。B国で働いていたA国からの移民を自由にさせてしまうと、共同体に災厄をもたらす可能性がある。となれば、B国政府としては権力をふるい、A国移民の自由を制限しなければならない。

世界の歴史は「大虐殺」で満ちあふれている

中国の歴史書には、「鏖殺《おうさつ》（皆殺し）」という言葉が頻繁に登場するが、日本の歴史書ではまったく見かけない。恐らく、「皆殺し」という概念自体がなかったのではないだろうか。有史以前に限らず、世界の歴史は「大虐殺」で満ちあふれている。厳密には「ユーラシア・北アフリカ」の歴史だが。

アメリカの司書、歴史研究家のマシュー・ホワイトは、人類史における「虐殺」を調査、研究し、『殺戮《さつりく》の世界史　人類が犯した100の大罪』（早川書房）として刊行した。同書は2011年発行時にはニューヨークタイムズで取り上げられるなど、話題になった。

『殺戮の世界史　人類が犯した100の大罪』は、文字通り人類史における殺戮を100位までランキングし、詳細を記した書籍になる。殺戮数ナンバーワンは、もちろん第二次世界大戦で6600万人。2位がチンギスハンの征服及び毛沢東の人民殺戮の各4000万人と続く。

大虐殺の舞台は中国、欧州、インド、ロシアと多岐にわたり、ユーラシア全般に広がっているが、上位100位の殺戮の内、日本が舞台になったケースは「ゼロ」なのだ。また、日本が「関わった」殺戮にしても、唯一、第二次世界大戦のみである。

ユーラシア「大陸」の東の端、朝鮮半島においてさえ、「朝鮮戦争」と「北朝鮮の支配（1948年以降）」が300万人の殺戮として、30位にランクインしている。海を越えた日本列島では、ランクインした殺戮がゼロ。

我々の祖先はユーラシアで唯一、数十万、数百万人が命を失う「殺戮」「大虐殺」を経験せずに「生存」「繁殖」を継続することができた。最大の理由は、もちろん日本が「島国」であったことだ。日本列島と朝鮮半島を隔てる玄界灘は、人間や物品、情報の行き来こそ可能だが、「侵略軍」を送るのは、少なくとも近年までは困難だった。

海という防壁が、日本列島で暮らす日本人を「侵略戦争」から守ったのだ。

さらに日本列島が「幸運」だったのは、軍隊は送れないものの、人が行き来できるほどには「大陸から近かった」ことである。ユーラシアの国々は、家畜から生まれた「疫病の津波」に何度も襲われ、何十万、何百万という人々が命を奪われた。家畜を飼わない文明である日本でも、やはり疫病の流行は防げなかった。日本列島では家畜の大量飼育こそ行われなかったものの、「人間」は大陸から海を越えて渡ってきた。

記紀伝承上の崇神《すじん》天皇の時代、疫病が流行し、大勢の国民が死亡した。日本書紀によれば、

「民の死亡するもの、半ば以上におよぶほどであった」

とある。

「災害死史観」と「紛争死史観」

逆にいえば、日本における大量死の原因の一つに「疫病」があったわけだ。疫病は紛争とは異なり、災害の一種として認識するべきである。すなわち「恨む相手」がいない。日本では歴史的に「虐殺」「紛争」によって、人々が大量死することはなかった。代わりに、疫病はもちろんのこと、大震災、台風、水害、土砂災害、豪雪、高潮、津波、火山噴火、大火事といった「災害」による大量死を繰り返し経験することになった。

日本において、自然災害の影響で最も人命が失われたのは、関東大震災ではなく、天明の大飢饉だと思われる。江戸時代中期、1782年から1788年にかけて発生した飢饉が、天明大飢饉だ。

元々、東北地方において悪天候や冷害で農作物の収穫が減少しているタイミングで、旧暦1783年7月8日、浅間山が大噴火。各地に火山灰を降らせたのみならず、成層圏に達した火山噴出物が陽光を遮ってしまう。当然、日射量は大幅に低下し、冷害をさらに悪化させた。農作物は壊滅的な被害を受け、翌年から深刻な飢饉が始まる。

飢餓とともに疫病も流行する。1780年から1786年の間、およそ92万もの人口が失われたと考えられている。火山噴火に様々な災厄が重なり、百万人近い人命が失われてしまったわけだ。

災害で人々が死んでいく日本に対し、ユーラシアでは人々は「紛争」「戦争」で大勢の身内を失うことになる。

2022年2月24日に、ロシア・ウクライナ戦争が勃発し、筆者は元建設官僚で「国土学」の大石久和氏の「災害死史観」と「紛争死史観」について改めて考えさせられた。先述の通り、日本で国民に多くの犠牲者が出るのは、災害が発生したときである。特に、大規模自然災害により、我々は同胞を失う歴史を積み重ねてきた。

それに対し、ユーラシア諸国では、自然災害よりもはるかに多くの人々が紛争で亡くなっている。自然ではなく「人間」に殺されるのだ。

災害死史観と紛争死史観の違いは、町づくりに如実に出ている。ユーラシアの国々の町の多くは、城壁に囲まれている。いわゆる城郭都市だ。地平線の向こう側から、騎馬の大群が押し寄せてきた際に、人々は城壁の中に立てこもり、兵士として戦うのである。

それに対し、日本には城郭都市が一つもない。むしろ、城の周囲に際限なく町が広がり

「城下町」として発展していった。

二つの史観の違いは、家屋の扉にも表れている。日本の家屋の入り口のドアは外開き。それに対し、日本以外の国々は内開きだ。もちろん、内開きの方が、防御が容易であるためである。何しろ、重い家具などを扉の前に置けば、外側から開くことができなくなる。ところで、紛争は「人間」がもたらす脅威である。人間の脅威である以上、同じ人間が防ぐことができる。紛争は、未然に防止することが可能なのだ。

但し、そのためには自分たちが変わらなければならない。変わることで「生存」の確率は上昇する。

それに対し、災害死史観の我々にとって、巨大災害は「避けられない災厄」である。無論、防災という考え方は重要だが、限界があるのも確かだ。

大都市で直下型大地震が起きたとき、死者がゼロ、などということはあり得ない。

結果、我々日本人は災害後に、互いに助かったことを喜び合い、また同じことをする。

つまりは、変わらない。

リスクの評価が適切にできない

ロシア・ウクライナ戦争は、人間が引き起こした災厄だ。同じ人間が相手ならば、防ぐことができる。

それにもかかわらず、戦争勃発直後の日本の報道や日本人の反応を見ていると、ウクライナの人々について、

「災害に直面した、気の毒な人たち」

と認識している印象を受け、違和感を覚えた。

違う。紛争は、自然災害とは違い、防ぐことができるのだ。

無論、共同体（国家）のリソースの制約はある。とはいえ、少なくとも「論理的」には防ぐことができる。それが、紛争なのである。

日本国民は、海という城壁に守られ、長期間、外国から侵略されることがほとんどない歴史を積み重ねてきた。特に、大東亜戦争敗北後は、冷戦とアメリカを覇権国とした第二次グローバリズムにより、紛争を経験することが一切なかった。

結果的に、非常事態に真剣に向き合い、自分を変えることで対処する体験がなくなった。

むしろ、紛争勃発を自然災害のごとく受け止め、諦め、嵐が去るのを待とうとしてしまう。

また、災害は、確かにすさまじい災厄になり得るのだが、「期間」が短い。大震災は、極めて短時間で我々を非常事態に叩き込む。が、逆にいえば短時間で終わる（もちろん、余震はあるが）。あるいは、台風が何週間も、何か月も同じところに居座るなどあり得ない。災害は短期で終わるが故に、我慢して耐え忍べば、その先は復旧、復興という話になる。

それに対し、紛争による災厄は、長い歳月、下手をすると何百年も続く。

元々はキーウ・ルーシだった東スラブ人の国が、１２４０年、モンゴル帝国により滅ぼされた。モンゴル支配下に入った現ロシア、ベラルーシとは異なり、ウクライナはのちのポーランド・リトアニアに支配されることになる。

ポーランド・リトアニア支配下で、ウクライナの人々は「農奴」として生きることを強いられた。それに反発する人々が武装し、コサックとなっていく。

１６４８年のボダダン・フメリニツキーの乱以降、コサックたちの「独立国」を求める戦いは断続的に続く。１７０９年、ヘーチマン（棟梁《とうりょう》）のイヴァン・マゼーパ率いるコサックたちは、スウェーデンのカール十二世と組み、ロシアのピョートル大帝の軍とポルタヴァで激突。

ポルタヴァの戦いに敗れたウクライナ・コサックは、その後、ロシア帝国やソ連の過酷な支配下で苦しみ続けることになる。最終的に「ウクライナ」として独立したのは、何と1991年である。

フメリニツキーやマゼーパの「ウクライナ独立」の夢が破れてから、何と280年以上が経過していた（ちなみに、フメリニツキーやマゼーパは、現在のウクライナのフリヴニャ紙幣の肖像になっている）。

災害はいずれ終わるが、紛争は終わらない。この現実を、我々は今こそ頭に叩き込み、災害死史観を「克服」する必要に迫られている。何しろ、紛争による「死」は、残酷極まりない上に、際限がない。

第二次世界大戦では、1941年6月にバルバロッサ作戦が始動し、ドイツ国防軍がソ連になだれ込んだ。同年9月、モスクワ攻防戦が始まる。

モスクワを巡る戦いには、延べ700万の将兵が投入され、ドイツ側は60万、ソ連側は190万もの犠牲を出すことになる。一つの戦いで、両軍合わせて250万人もの命が失われたのは、後にも先にもモスクワ攻防戦だけだ。

武器弾薬が不足したソ連の赤軍は、多くの兵士を「非武装」のままドイツ軍に突入させた。ドイツ軍の弾薬を消耗させるためである。

逃亡した兵士は、ＮＫＶＤ《エヌカーヴェーデー》（ソ連内務人民委員部）に容赦なく処刑された（現在のロシア・ウクライナ戦争でも、似たような光景を見かけていないか？）。

モスクワ攻防戦はさすがに極端だが、ユーラシアの歴史は残酷な殺戮、紛争で満ちあふれている。すなわち、彼らは紛争死史観なのである。

それに対し、日本国は外敵との戦争がほぼなく、「大殺戮」を経験しないまま、歴史を積み重ねてきた。結果的に、災害死史観。この史観の違いが、我が国の行く末を大きく左右する可能性が高い。

災害死史観の日本人は、リスクの評価が適切にできない。確率ではなく、すべてを「オールオアナッシング」で考えがちになってしまうのだ。

国境線の向こう側に、敵国が大勢の軍隊を集結させている。そこで、普通の国は敵軍侵入に対する備えを強化していく。リスクを確率で捉え、自らの行動を変化させるのだ。

農耕・牧畜文明こそが「戦争」を生み出した

それに対し、災害（特に大震災）発生の確率は、事前には把握できない。今、この瞬間に我々が暮らす場所で直下型地震が起きるかもしれない。だが、その確率は誰にも分からない。だから、考えない。

原発反対派は、原発再稼働について「ゼロリスク」を求める。別に、原発に限らず、この世で稼働するシステムにおいて「ゼロリスク」などあり得ない。リスクとはすべて「確率」の話なのだが、その種の発想を災害死史観の日本人はできない。

また、災害は「いつ来るのか？」がまったく分からない。結果、日本人は将来的に訪れる可能性がある災厄に対する「備え」をしない。究極的には、災害に備えても「ムダ」に終わるためだ。

未来の災害の見込みが甘く、備えたにもかかわらず、多くの人命が失われるかもしれない。あるいは、懸命に備えたにもかかわらず、災厄は発生しないかもしれない。いずれにせよ、災害への備えの多くは浪費に終わる可能性が高い。だから、備えない。

日本では、バブル崩壊以降に、土木・建設会社、農協、公務員、医師会、電力会社などが「既得権益」とのレッテルを貼られ、構造改革主義者から攻撃された。その際に、彼らは堂々と正論で反論しようとはせず、沈黙していた。結果的に、構造改革は容赦なく進められることになる。

災害死史観の日本人は、あらゆる攻撃に対し「嵐はいずれ過ぎ去る」と首をすくめ、反撃しないのではないか。つまりは、「改革」を主張する勢力による攻撃も、外国からの侵略も「台風」と同じ認識で受け止め、過ぎ去るのを待ってしまうのではないだろうか。

「我慢していれば、やがて災厄は去る」

と、思っていたとして、確かに災害はその通りだ。とはいえ、侵略者や「改革派」は容赦してくれない。こちらが引いたら、さらに踏み込んでくるのが普通なのだ。

加えて、我々日本人は「紛争」を経験することがなく、言語についても抽象的な形で発展させてしまった。日本語の曖昧さは、まさに災害死史観の国ならでは、である。

日本語の抽象性あるいは曖昧性は、世界に誇る美点であり、同時に欠点でもある。和歌を中心に進化した日本語の抽象的な表現は、豊かな文化を発展させることに貢献した。日本のアニメや漫画、ゲームといったコンテンツが世界で受けているのは、これは間違いなく日本語の功績である。

だがその一方で、抽象的な言語は、問題解決の際に災厄をもたらす。日本は外敵に侵略されることがほぼなく、日本列島の海岸線の内側で、日本語は曖昧で湾曲、回りくどい形で発展した。抽象的な日本語は、軍隊用語、つまりは戦闘のための言語にまったく向いていない。敵軍と戦うという行為は、まさしく「生きるか死ぬか」の世界だ。敵軍を迎え撃っている最中に、曖昧な命令を出すと、下手をすると全滅する。

「敵軍がこの方向から来ている。あの城壁を何人の兵で、何の装備で守れ」

といった命令が、曖昧で、相手に様々な解釈を可能とするように発せられたらどうなるだろうか。兵士は「自分の解釈」で命令を受け取り、間違った場所を防衛しようとしてしまう。結果、全滅することとなる。

日本語において自らを表す一人称は、いくつあるだろうか？　僕、俺、私、あたし、うち、自分、当方、本職などなど、数え上げたらきりがない。この手の一人称を、状況に応じて使い分けるのが日本語の特徴だ。

それに対し、英語は「I」だけだ。英語のみならず、ユーラシアの言語は「言語明瞭」「意味明瞭」なのである。地平線の向こう側から、騎馬の大軍がやってきた。「市民」たちは壁の中に入り、全員が兵士となって戦わなければならない。その際に、意味不明な言語で命令を伝えると、壁の中の全員が死ぬ。

そのため、ユーラシアでは言語は「軍隊用語」に相応《ふさわ》しい形で進化した。まさに、紛争死史観に相応しい言語なのである。

それに対し、抽象的で曖昧な表現を好む日本語は、まさに災害死史観の賜物《たまもの》だといっていい。

ところで、結局のところ、「戦争」の起源とは何なのだろうか。実のところ、人類は旧石器時代から「集団での殺し合い」を続けてきた。

もっとも、戦争を「共同体　対　共同体」と定義すると、やはり「土地」「水」に対する権益が生じた、農耕・牧畜文明の拡大こそが起源になる。多産化で人口が増えた農耕・牧畜文明の人々が、「生存」のために他者が暮らす土地に攻め入る。善悪論は置いておいて、農耕・牧畜文明こそが「戦争」を生み出したのである。

日本にしても、戦争が始まったのは水田稲作が普及し始めた弥生時代以降になる。縄文時代の遺跡からは、大量殺害の痕《あと》が残る人骨は発見されていない（刃傷沙汰はあったようだが）。弥生時代になると、明らかに「戦死」したと見られる人骨が多く出てくる。

石鏃《せきぞく》（矢の先につける石のやじり）にしても、弥生時代は縄文時代と比べて飛躍的に大きくなっている。弓矢が「狩猟の道具」から「人を殺傷する武器」に変わっていったのだ。

敗北した部族の男たちは皆殺しにされる

古代ギリシャ神話のトロイア戦争（トロイの木馬で有名だ）では、勝利したアカイア軍（ギリシャ軍）が、落城したトロイの男たちを皆殺しにした。女たちは「戦利品」として勝者たちに分け与えられた。

トロイア戦争は、元々はトロイアの王子に妻を奪われたメネラオスの兄、アガメムノン率いるギリシャ連合軍が、トロイアに攻め込んだことから始まった。開戦から9年間、一進一退の攻防が続くが、10年目のある日、策士オデュッセウスが木馬作戦を思いつく。メネラオス、オデュッセウス、ネオプトレモスら選抜された戦士たちが木馬に潜り込み、トロイア城内への侵入に成功。敵の油断に乗じて、城門を開け、待ち構えていたギリシャ軍が怒濤《どとう》の如くなだれ込んだ。

ギリシャ兵たちはトロイア城内の男たちを惨殺し、略奪の限りを尽くす。男たちが全滅したトロイアに、女・子どもだけが残された。彼女たちは「籤《くじ》」で主人を割り当てられ、ギリシャ人の奴隷になった。

紀元前416年、ペロポネソス戦争の最中、スパルタの植民都市であるメロスの人々は、アテネに服従せず、中立を維持していた。アテネがメロスに対し、味方につくよう強要したが、メロス人たちは拒否。アテネはメロス島（現在のギリシャのミロス島）に大軍を送った。

アテナによるメロス包囲戦で敗北したメロス側の成人男性は、全員が処刑された。女・子どもは奴隷として売り飛ばされ、無人化したメロス島に、アテネ人たちが植民してきた。

そのアテネにしても、紀元前４０４年にスパルタの前に敗北。スパルタの同盟国だったコリントやテーベは「アテネの武器を持てる男は全員殺し、女・子どもは全員、奴隷身分に落として売り払い、アテネは更地にするべき」と声高に訴えた。

スパルタの王パウサニアスがコリントやテーベの主張を退けなければ、古代ギリシャの中心都市アテネは消滅してしまっていただろう。パルテノン神殿を始めとする遺跡も、破壊され尽くしたはずだ。人類は「良識」を働かせたパウサニアス王に感謝しなければならない。

中国の戦国時代。紀元前２６２年に秦《しん》と趙《ちょう》が激突した長平《ちょうへい》の戦いでは、勝利した秦の白《はく》起《き》将軍が趙兵の捕虜20万人を生き埋めにしたとされている。人数に誇張はあるだろうが、降伏した捕虜を容赦なく殺害するという発想は、日本にはない。というよりも、そもそも大和王朝は敗北した側の政権をそのまま存続させた。結果、熊襲《くまそ》のように何度も反乱を起こされる羽目になる。それでも、熊襲の男たちを皆殺し、などという事態には、ついぞ至っていない。

日本を除くユーラシアの諸文明で「皆殺し」の戦争が少なくなかったのは、「生存」に加え、遊牧民の影響力が確実にある。

日本の生態学者、民族学者、情報学者、未来学者にして、文化人類学のパイオニアでもあり、多方面に多くの影響を与えた梅棹《うめさお》忠夫（1920年〜2010年）は、「文明の生態史観」というユニークな文明論を唱えていた。

≪乾燥地帯は悪魔の巣だ。乾燥地帯のまん中からあらわれてくる人間の集団は、どうしてあれほどはげしい破壊力をしめすことができるのだろうか。わたしは、わたしの研究者としての経歴を、遊牧民の生態というテーマではじめたのだけれど、いまだにその原因について的確なことをいうことはできない。とにかく、昔から、何べんでも、ものすごく無茶苦茶な連中が、この乾燥した地帯の中からでてきて、文明の世界を嵐のようにふきぬけていった。そのあと、文明はしばしばいやすことのむつかしい打撃をうける。（梅棹忠夫『文明の生態史観』中公文庫）≫

ユーラシア大陸には、中国東北部・満州からハンガリーまで、東西に延びる「ユーラシア・ステップ」と呼ばれる乾燥した草原地帯が広がっている。黒や栗色の土壌（チェルノーゼム）に、ステップと呼ばれる丈の短い草原が広がる。年間を通して降水量は少なく雨季には少量の雨が降る。昼と夜の気温差が激しい。歴史上、ユーラシア・ステップにおいて何度も「遊牧帝国」が誕生し、周辺地域に多大な影響を与えてきた。

草原地帯の遊牧民は、

- **人間が消化できない草地で暮らすため、家畜依存で生活を成り立たせる。**
- **過酷な環境で生活するため、族長の権限が強化される。**
- **羊などの家畜を「コントロール」する技術や、去勢技術が発展。**
- **草地を求めて遊牧し、草地の支配権を巡り、頻繁に部族同士が衝突。**
- **馬上から弓で射殺する狩猟技術が発展。日常的に「騎馬兵」と化す。**
- **草原地帯で生き残りが不可能になると、耕作地帯を略奪。**
- **スキタイの時代以降、狩猟技術として騎射が盛んになる。**

といった特徴を持つ。

草原を求めて放牧を続け、ようやくたどり着いたと思ったら、別の部族と鉢合わせ、といった事態になったら大変である。双方ともに、家畜に草を食べさせなければ、自分たちが「生存」できない。必然的に戦闘になり、敗北した部族の男たちは皆殺しにされる。

遊牧民は、時に耕作地帯にあふれ出す。耕作地帯の「農耕・牧畜文明」側は、もちろん反撃しようとするわけだが、「騎射」という戦い方は反則である。「馬に乗ったまま、弓矢を射る」という戦法には、耕作地帯の人々は立ち向かいようがない。何しろ、高速で移動し、剣や槍が届かない地点から攻撃してくるのである。無論、やがて農耕民族側も遊牧民の「馬に乗って戦う」という手法を取り入れていった。

紀元前三世紀末から紀元五世紀にかけ、ユーラシア・ステップでは遊牧国家「匈奴《きょうど》」が栄えた。匈奴はモンゴル高原を中心とした中央ユーラシア東部に一大勢力を築いたが、その民族的ルーツは判明していない。元々は、季節的に一定の地域での移動を繰り返していた遊牧民に、スキタイから騎馬の技術が伝えられ、匈奴やサルマタイに代表される騎馬遊牧国家へと成長していったとの説があるが、定かではない。

紀元前770年から紀元前221年までの春秋戦国時代の中国、匈奴の勢力範囲と北方国境で接する「趙」は、紀元前307年、武霊王《ぶれい》の時代に、北方の騎馬兵の強さに目をつけた。武霊王は自国にも騎馬戦術を取り入れるべく、兵に匈奴の服である胡服《こふく》を着させ、馬に直接またがる訓練を施した（胡服騎射）。趙人は強く反発したが、武霊王は強権的に実行させ、趙の騎馬兵は大きな威力を発揮した。

中国のみならず、中東や欧州においても次第に「騎馬」は取り入れられていく。鐙《あぶみ》が登場する以前、騎乗者は両足の大腿部で馬の胴を締めつけ、乗馬していた。姿勢は不安定であり、馬の激しい動きに追従するのは困難だった。結果、騎乗したまま戦う技能（騎射など）は、当初は騎馬民族以外では長期間の鍛錬が可能な、ごく一部の貴族階級が有する特殊技能であった。

鐙が広まると、高機動力と遠距離攻撃が可能な弓騎兵が一気に主戦力と化した。鐙は265年から始まる西晋《せいしん》時代の満州で発明されたと考えられており、ユーラシア大陸を西に進み、ペルシャからイスラーム諸国、そして東ローマ帝国に伝わり、その後、フランク族へと広まった。

中世欧州といえば、まさに「騎士」が主役だった時代である。騎兵は軍隊の花形だったわけだが、それを一方的に打ち破ったのが、英仏百年戦争におけるイングランド軍だった。百年戦争前期、1346年8月26日、北フランスのクレシー付近で、エドワード三世率いるイングランド軍と、フィリップ六世率いるフランス軍が激突した。イングランドは、ウェールズの戦いで「ロングボウ（長弓）」の威力を知り、自軍にもロングボウ部隊を保有していた。

押し寄せる騎士の大軍に、イングランド軍は膨大な矢の雨を降らせた。フランス軍は次々に降り注ぐ矢の前に倒れ、壊滅した。かつては「最強」だった騎兵戦術が、膨大なロングボウにより無力化されてしまったのである。

エドワード三世のロングボウ戦術は、後の軍事革命のヒントになっている。銃火器が発明されると、戦場の主役は封建制度の主役であった騎士から、火砲で武装した歩兵に移っていく。具体的には、十五世紀から十六世紀にかけて戦われた「イタリア戦争」以降の話だ。

絶対王政による不満が「ブルジョア革命」を引き起こした

騎兵が主力だった軍隊は、「銃を持った大量の歩兵」にとって代わられた。英仏百年戦争時代は、まだ何とか生き残っていた騎兵、騎士たちは、最終的に「膨大な銃」を前に姿を消すことになる。いわゆる「軍事革命」である。

必然的に、軍隊の兵員数は激増し、たとえばスペイン軍の兵力は1470年には2万人規模だったのが、1550年に15万人、1590年に20万人、1630年には30万人と激増していった。

軍隊の規模が大きくなると、当然ながら「兵站《へいたん》」が問題になる。ところが、実は三十年戦争（1618年~1648年）の頃まで、欧州には兵站という概念が存在しなかった。英仏百年戦争時代のエドワード三世が典型だが、軍隊は「食料」「水」などを現地調達しながら進んでいく。要するに、略奪が前提だ。進軍途上に当たってしまった人々にとっては、たまったものではない。

軍隊は、物資調達のために常に移動せざるを得ない。すると、進路は戦略ではなく「物資の蓄積地」に依存することになってしまう。非合理極まりない。また、攻城戦が増えた結果、軍隊に「国家」が物資を供給する必要が生じ、ようやく「兵站」が誕生することになったのだ。

兵站なき最後の戦争といえる三十年戦争は、基本的にはプロテスタント勢力と、カトリック勢力の激突になる。戦場はドイツ。1618年の、神聖ローマ皇帝フェルディナント二世とドイツのプロテスタント勢力の対立が、諸外国の介入を招き、戦禍が拡大していった。

長期間にわたる戦闘や、傭兵（没落した騎士が多かった）による略奪で、ドイツの国土は荒廃。さらには、ペスト流行の影響もあり、人口は激減した。ドイツ（厳密には神聖ローマ帝国）の人口は、戦前の1600万人が、戦後は1000万人にまで減ってしまったと考えられている（逃亡人口も含む）。

三十年戦争の講和条約であるヴェストファーレン条約により「主権国家」が公式に成立した。主権とは、ユグノー戦争（フランスの宗教戦争、1562年〜1598年）中に、フランスの法学者ジャン・ボダンが唱えた概念で、国家を支配者と被支配者の関係で捉えた際に、支配者側が持つ絶対的な権力を意味する。国家にあっては国王にのみ固有のものとされた。

ボダンは、ユグノー戦争が「暴君による悪政にも劣る放埓《ほうらつ》なアナーキー」な状態を招いたとし、「家族においても国家においても主権者はただ一人でなければならない」と、主権の概念を説いたのである。さらに、封建領主（中間権力）やローマ教皇、神聖ローマ皇帝といった超国家的な権威を否定し、国家の君主こそが最高権力を持つとした。

ボダンによる「国家の主権は君主が持つべき」という考え方が、その後の「王権神授説」に基づく絶対王政につながった。さらには、絶対王政による人々の不満が、最終的にはピューリタン革命やフランス革命など、いわゆる「ブルジョワ革命」を引き起こすことになる。

ヴェストファーレン条約が締結されて以降、欧州において、複数の国家を統治する「帝国」は消滅。ドイツの領邦は各国が「主権」を持つ体制となった。主権国家は、自国の領土内には「不可侵」の権力を行使し、対等な国家として外交関係を結ぶこととなった。互いに「不可侵」である以上、戦争が減ったのかといえば、そうは問屋が卸さない。互いに主権を持つ「対等」な国同士の戦争が頻発するようになっただけだ。

ところで、英仏百年戦争前期のクレシーの戦いで、イングランド軍のロングボウ部隊の前に敗れたフランス軍は、百年戦争末期に軍制改革を実施。1450年のフォルミニーの戦いでは、フランス軍は「大砲」を活用し、イングランドのロングボウ部隊を撃破した。

さらに、フランスは1776年、ジャン＝バティスト・ヴァケット・ド・グリボーヴァル砲兵将軍のもと、大砲の規格化、サイズ別の統一規格、部品の共通規格化を実施。軽量に設計された車輪つきのカノン砲の大量生産が始まったのである。

勝敗の命運を決めるのは「物資」にほかならない

1792年に始まったフランス革命戦争において、砲兵出身のナポレオン・ボナパルトは、フランス軍を火砲中心の近代的な軍に再編成。ナポレオンのロシア侵攻時には、大砲1200門を所有するに至っていた。

火砲に限らず、戦場における勝利のための最大の基盤は、科学力であると確信していたナポレオンは、パリに「エコール・ポリテクニーク」を設立。砲兵士官や軍事技術者を教育する機関として、最新科学を研究し、教授した。

具体的には、

「弾道計算や場所を測量するための数学」
「艦隊の正確な位置を特定するための天文学」
「河川に軍用の橋を架けるための流体力学」
「火薬や新兵器の素材のための化学」

などを「軍人」たちが学ぶことになったのだ。フランスで最も著名な理工系エリート（テクノクラート）養成機関は、「戦争」が理由で設立されたのである。

また、フランス革命戦争やその後のナポレオン戦争において、膨張した軍隊に対する兵站を成立させる必要があり、「保存食」の需要が高まった。ナポレオンは「新しい食品貯蔵法」についての懸賞金を出し、アイデアを募集。

フランスの食品加工業者であったニコラ・アペールは、1804年に、細長い瓶や広口の瓶に予《あらかじ》め調理した食品を詰め、コルクで栓をし、湯煎なべに入れて沸騰過熱し、30～60分後に瓶内の空気を除き、コルク栓で密封する方式の保存食品製造法を考案。要するに「瓶詰」だが、アペールはパリ近郊のマシーに保存食品製造所を開き、瓶詰めの製造を開始。ナポレオン政府の懸賞に当選し、1万2000フランの賞金を獲得した。

もっとも、ガラス瓶は「割れやすい」という欠点を持ち、やがて「缶詰」が発明されることになる。我々の日常生活に入り込んでいる「保存食品」も、もとはといえば「戦争」によって発明されたのである。

ナポレオンのロシア戦争と同じ年（1812年）、アメリカ大陸で米英戦争が始まった。イギリス陸軍は、1790年のインドのマイソール王国との戦闘で「ロケット」に苦戦した経験を持ち、十九世紀初頭、初期のロケット兵器としてコングリーヴ・ロケットを開発していた（１８０４年にウィリアム・コングリーヴが設計開発）。

当時のロケットは、巨大なロケット花火のようなものだった。弾頭には黒色火薬が据えつけられ、３キロメートルという、当時としては長大な射程を誇った。

米英戦争において、イギリス陸軍はロケット砲部隊を配備。１８１４年9月、イギリス艦隊はロケット砲と大砲でボルティモアのマクヘンリー要塞を砲撃。

マクヘンリー要塞の戦いは、実はアメリカ国歌の歌詞になっている。アメリカ国家の冒頭、

『O, say can you see, by the dawn's early light, What so proudly we hailed at the twilight's last gleaming, Whose broad stripes and bright stars through the perilous fight, O'er the ramparts we watched, were so gallantly streaming? And the rocket's red glare, the bombs bursting in air, Gave proof through the night that our flag was still there;
（おお、見えるだろうか、夜明けの薄明かりの中、我々は誇り高く声高に叫ぶ。危難の中、城壁の上に、雄々しく翻る、太き縞《しま》に輝く星々を我々は目にした。砲弾が赤く光を放ち宙で炸裂する中、我等の旗は夜通し翻っていた。）』

という歌詞は、ロケット砲の攻撃を受けながらも耐え忍んでいる、マクヘンリー要塞を讃えたものなのだ。

ここまで、人類の戦争の歴史を簡単に振り返ってきたが、結局のところ勝敗の命運を決めるのは「兵器」を始めとする「物資」であることをご理解頂けたのではないだろうか。

耕作地帯の農民兵は、遊牧民の騎射戦法に太刀打ちできなかった。結果的に騎兵が戦場の主役になったものの、フランスの騎士たちはイングランド軍のロングボウの前に、次々に倒れていった。すると、今度はフランス側が「大砲」で対抗。戦場の主役は騎士から「銃を持つ歩兵」に変わり、ついにはロケットまでもが登場した。ナポレオンに至っては、「科学力」「保存食」までをも「兵力」の一部として認識していた。

１８１５年のワーテルローの戦いで敗北したナポレオンは、セント・ヘレナ島に流され、最終的に没落した。その後の欧州は、１９１４年の第一次世界大戦勃発まで「大戦争」は避けることができた。とはいえ、それでもやはり国家という共同体同士の争いは絶えず、戦争も起きていた。戦争という「需要」は、科学や技術を確実に進歩させる。

１８７０年、プロイセン王国とフランスが衝突した普仏戦争において、フランス軍は初めて機関銃を実戦投入。ミトライユーズと呼ばれた機関銃は、マスケット銃を束にした作りになっていた。弾丸を先込めしておいた筒をひとまとめにし、ハンドルを回すとそれらが順番に発射される仕組みである。

もっとも、一度撃ち尽くした後は、再装填《そうてん》に手間がかかった。また装填時間は装填手の技量に大きく左右され、想定の効果を発揮することはできなかった。

本格的な「機関銃」は、欧州ではなくアメリカで生まれた。１８６１年、アメリカの発明家リチャード・ジョーダン・ガトリングが、束ねた砲身に装填は後装式、クランクを回せば砲身が回転し銃弾が次々と発射され続けるガトリング砲を発明。アメリカ南北戦争で猛威を振るうことになる。

第一次世界大戦でドイツが敗れた理由

そして、１９１４年６月28日、オーストリア＝ハンガリー帝国のフランツ・フェルディナント大公を、セルビアの青年ガヴリロ・プリンツィプが暗殺。「サラエヴォ事件」をきっかけに、オーストリア＝ハンガリー帝国とセルビアの対立が激化する。セルビアを支援するロシア帝国が動員をかけ、世界は第一次世界大戦に突入することになる。

第一次世界大戦は、悲惨な塹壕《ざんごう》戦と化した。機関銃の発展により、それまでの歩兵突撃戦法がまったく通用しなくなってしまったのだ。互いに相手の塹壕に近づくと機関銃によりなぎ倒されることになってしまう。

機関銃の登場により「陣地」の「防御側」が圧倒的に有利になり、機関銃優位を崩すために戦車、戦闘機が生まれ、その「生産」と「供給」が戦争の勝敗を分けるようになった。すなわち、総力戦である。戦争の行く末を「財やサービスを生産する力」、すなわち「経済力」「供給能力」が左右する時代が訪れたのだ。

総力戦あるいは「国家総力戦」とは、ドイツの軍人、エーリヒ・ルーデンドルフ（1865年〜1937年）が提唱した概念だ。総力戦とは、国家が国力のすべて、軍事力のみならず経済力や技術力、科学力、政治力、思想面の力を、平時の体制とは異なる戦時の体制で運用して争う戦争の形態である。第一次世界大戦は、まさに人類初の総力戦となった。

総力戦という用語の生みの親であるルーデンドルフは、プロイセン生まれ。ドイツの軍人であり、政治家だ。

第一次世界大戦後半に参謀本部次長を務めたルーデンドルフは、陸軍における最終階級は歩兵大将。第一次世界大戦中の軍部独裁体制の、事実上、トップを務めた。
第一次世界大戦初期のタンネンベルクの戦いにおいて、ルーデンドルフは第8軍司令官パウル・フォン・ヒンデンブルクを補佐し、ドイツ軍を勝利に導いた。大戦中期から後期には、参謀総長となったヒンデンブルクの下で参謀本部次長を務め、「ルーデンドルフ独裁」とも呼ばれる巨大な実権を握った。

総力戦とは、いかなるものなのか。ルーデンドルフの著作から引用しよう。

≪軍の中には、太古の時代から技術と並んで自らの力を備えた戦士としての人間がいる。剣、盾、弓矢、戦闘車両、投石器、石からなる防護壁は、結局は「技術的な補助手段」である。それは変わることなく、戦争手段、攻撃・防御手段、はますます完成度を高め、兵士やその戦闘兵器の移動のためにまた鉄道、自動車、軍艦、航空機が必要とされている。他のものもまだ連ねる、これらの「技術的」な補助手段なくしては、軍とその運用はまったく考えられない。

そのために、世界大戦でも軍には兵士のほかに、戦闘・移動手段として極めて大きな口径および数多くの弾薬を備え、何キロメートルにもわたる射程を持つ砲から、兵士が至近

距離から投げつける手榴弾にいたるありとあらゆる種類の軍用品の形で技術的な補助手段が存在した。鉄道に加えて、自動車が登場した。装甲艦が海を航行し、潜水艦が水中を移動し、航空機が空を飛んだ。（ルーデンドルフ『総力戦』伊藤智央訳、原書房）≫

第一次世界大戦において、ドイツは「持たざる国」の立場にあった。国内の資源や供給能力のみでは、軍需と民需という二つの需要を同時に満たせない。

経済（あるいは「生産活動」）は、以下の五要素から成り立っている。

「資本（モノ）」「労働（ヒト）」「技術（ワザ）」「需要」「資源」。どれか一つ欠けても、生産活動は行われないか、もしくは著しく生産性が低い生産にならざるを得ない。モノ、ヒト、ワザは、生産の三要素でもある。すなわち、供給能力だ。

供給能力がどれだけ強大であっても、資源がなければ生産活動は不可能だ。当時のドイツは、「世界帝国」だったイギリスと比べ、モノ、ヒト、ワザは優位に立っていたものの、資源が決定的に不足していた。

大戦勃発時、ドイツは１８３万トンの小麦、８００万トンの飼料の輸入が必要だった。輸入相手国が「敵国」だった場合はどうなるだろうか。当たり前だが、輸入は不可能にな

図③　経済の五要素

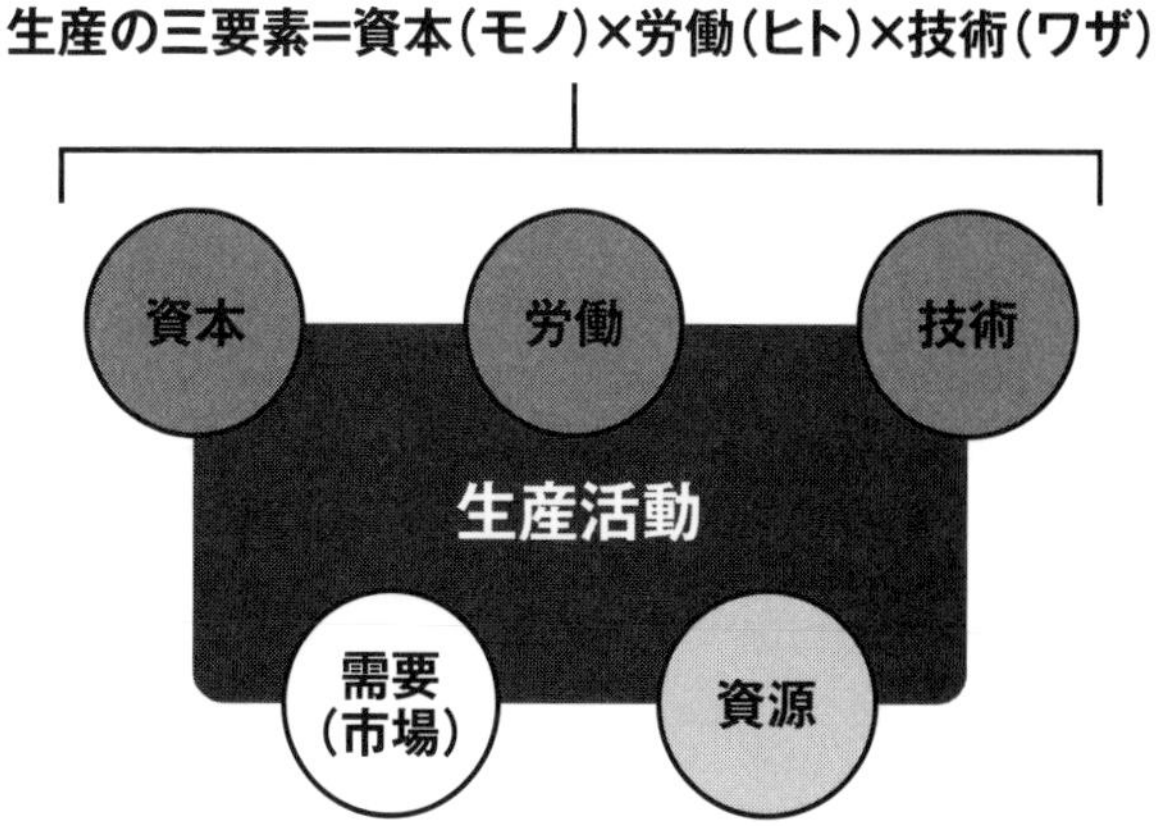

る。ドイツは鉄鉱石、石炭、鉛、亜鉛については自給が可能だった。それに対し、銅やタングステン、クロム、アンチモン、ニッケル、アルミニウム、錫《スズ》、マンガンは輸入依存度が高い。この種の資源を獲得しないことには、十分な兵器を十分に生産できず、軍隊は戦えない。また、総力戦の概念には「ヒト」の動員も含まれている。総力戦においては、兵役適齢期の成人男性が「兵士」として動員され、前線に送られる。当然ながら、銃後の（生産現場の）労働者が不足するため、その穴を女性や若者で埋めることになる。兵士の中には生産現場で必要とされ、前線から戻される者も少なくなかったが、い

ずれにせよ、国家全体で「ヒト」というリソースが不足する。

ルーデンドルフは軍需・民需という需要を満たすために、人材、企業、資源、インフラ、一次産品、輸入などすべてが国家（総力政治）のコントロール下に置かれる必要があると考え、参謀本部次長として実行に移した。いわゆる、ルーデンドルフ独裁である。

ちなみに、ルーデンドルフの総力戦の考え方は、後にアメリカの１９３２年から１９３８年のニューディール政策などにも受け継がれることになる。

古代ギリシャや中世欧州ならばいざ知らず、現代の（厳密には第一次世界大戦以降の）戦争は「経済力」の戦いになるのである。「精神」「根性」「魂」では戦えない。戦争に勝利するためのカギは「供給能力（資源調達を含む）」なのだ。

戦争という需要に対する供給能力を維持する。同時に、相手国の戦争という需要に対する供給能力を断つ。これこそが、勝利への道だ。

右記を踏まえ、大東亜戦争期の日本はいかに戦い、いかに失敗したのかを見てみよう。

第2章

Japanese economy
the essence of failure

大東亜戦争期と酷似する現在の日本政府

リベラリズムとリアリズム

日本の帝国陸海軍の失敗に入る前に、まずは人類の歴史（あるいは我々の人生）を滔々《とうとう》と流れている「二つの異なる考え方」について解説しなければならない。すなわち、リベラリズム（ユートピアニズムともいう）とリアリズムである。

狭義のリベラリズム・リアリズムは、国際政治経済学の理論的対立を意味する。国際的なリベラリズムとは、民主主義や自由貿易などの「普遍的」とされる価値観を広め、国際的なルールや国際機関を通じた国際協調を推し進めることで、平和で安定した国際秩序が実現するという考え方だ。

要するに、「世界はかくあるべき」という理論である。

それに対し、リアリズムは国際社会を十七世紀のイギリスの哲学者トマス・ホッブズの「万人の万人に対する闘争」として捉える。国家は国際社会において、常に自国の利益（国益）のみを追求する。国家にとって最も重要なのは、我々人間と同じように「生存」である。そのためには、民主主義だの自由貿易だの、特定の「価値観」に普遍性を置くことはない。

その場その場で、「自分」「自国」にとって最も適切な選択をするだけで、平和、自由、共生といった美しい響きの価値観に影響を受けることはない。世界は「かくあるべき」ではなく、

「世界はこうなっている」

これがリアリズムの理論の根幹にある。

広義にリベラリズムとリアリズムを捉えると、人類の歴史は実に興味深い。リベラリズムは、理想を抱く。特定のユートピアに基づくイズム（主義）を掲げ、現実を近づけようとするのだ。

ホッブスを批判したフランスの啓蒙思想家のジャン・ジャック・ルソーは自らの不幸を「身分制度がある社会のせい」と捉え、すべての人々が「平等」な世界を夢見た。典型的なリベラリズムである。

そして、1789年にフランス革命が勃発。マクシミリアン・ロベスピエールらジャコバン派は、まさにルソーの教義に従い、「身分が存在しない社会」を目指した。しかし、現実にフランスには強固な身分制度があり、それに基づき社会が構築されている。君主を含めると四つの身分（国王、聖職者、貴族、一般民衆）の解消を短期で達成するとなると、

スクラップアンドビルドにならざるを得ない。すべてを一旦、破壊し、真っ白なキャンパスに改めて絵（社会システム）を描くわけだ。

となると、歴史、伝統に基づき、特定の権益を認められていた勢力（いわゆるアンシャンレジーム）は、当然ながら猛反発する。アンシャンレジームの反撃を押さえつけるためには、必然的にテロール（恐怖政治）に到らざるを得ないのだ。

フランスは「人権」や「国民主権」というリベラリズムの下で、それまでの伝統や取り決め、風習、価値観を無視し、政治的決定がなされる国家と化した。

第三身分（一般民衆）出身で、後に聖職者となったエマニュエル＝ジョセフ・シェイエスは、1789年に刊行した著書『第三身分とは何か』において「フランスにおける第三身分（一般民衆）こそが、国民全体の代表に値する存在である」と訴えた。

『国民（ネイション）は全てに先立って存在するのだ。国民は全ての源だ。その意思は常に適法なのだ。それは法律そのものだ。（シィエス『第三身分とは何か』稲本洋之助、伊藤洋一、川出良枝、松本英実訳、岩波文庫）』

とはいえ、「国民」も間違える。国民主権といえば聞こえはいいが、我々「人間」の判断が絶対に正しいなどと、誰が保障できるというのか。

日本では民主制について「民主主義」と呼び、絶対視する人が少なくない。しかし、民主制における多数決で決まったことが「正当」であると、必ずしも決まった話ではない（但し、多数決は「正統」ではある）。現代を生きる我々日本国民は、自分たちの政治的な判断が常に正しかったと、自信をもって断言できるのか。

狂気のフランス革命をドーバー海峡の反対側で見ていた、アイルランド生まれのイギリスの政治思想家、哲学者、政治家エドマンド・バークは、自著『フランス革命の省察』において、

≪物事をこれまでとは正反対にするというのも、安直さにかけては、すべてをぶち壊すのといい勝負である。前例のないことを試すのは、じつは気楽なのだ。うまくいっているかどうかを計る基準がないのだから、問題点を指摘されたところで「これはこういうものなんだ」と開き直ればすむではないか。熱い思いだの、眉唾《まゆつば》ものの希望だのを並べ立てて、「とにかく一度やらせてみよう」という雰囲気さえつくることができたら、あとは事実上、誰にも邪魔されることなく、やりたい放題やれることになる。（『［新訳］フランス革命の省察』佐藤健志編訳、ＰＨＰ研究所）≫

と、書いている。

結局のところ、人間の脳みそには限界があるわけだ。我々が「思いついた」アイデアが歴史的に正しいと、誰が断定できるのか。リベラリズムは、「人間が思いついた理想」に過ぎず、本当に正しいのかどうかは、それこそやってみなければ分からない。

だからこそ、人類は個人個人の脳みその容量を超える「メトリクス（収集したデータをわかりやすく変換したもの）」に従い、社会の安定を何とか達成してきたのだ。そして、そのメトリクスは、「伝統」である。

伝統的に継続してきたのだから「絶対に正しい」などと主張する気はない。とはいえ、数百年、時には数千年の「検証」を経てなお継続しているシステムは、個人の思いつきよりも相対的に正しい確率が間違いなく高い。

フランス王朝は、987年のユーグ・カペーの即位以降、800年も続いてきた（しかもフランス王朝は「男系」である）。長い年月「血統」を継いできたことには、それなりの価値が生じる。理由は、

「これだけ長く続いてきたのは、何らかの良き理由があるだろう」

という印象を人に植えつけるためだ。その伝統を、フランス革命はぶち壊した。

なぜ国内の経済政策が市場に従わなければならないのか

ところで、イギリスが世界の覇権国であった時代、なぜか「貨幣」についてはリベラリズム的な「金本位制」が採用されていた。金本位制は、当時の覇権国イギリスが主導したグローバルな「固定為替相場制」となる。

金本位制の仕組みは、以下の通りとなる。

各国が金1オンスの価格について事前に定めておく。分かりやすいので、日本は「1オンス＝100万円」、アメリカが「1オンス＝1万ドル」と設定しておいたとしよう。

日本企業がアメリカに100万円の自動車を輸出した。受け取る代金は、日本円ではなく「1万ドル」だ。日本企業がアメリカで稼いだ1万ドルを円に両替しようとすると、為替レートが変動してしまう。

そこで、日本企業はアメリカにおいて、1万ドルで1オンスの金を購入する。1オンスの金を日本に持ち帰り、売却すると、100万円が手に入る。日本とアメリカ間の為替レートは変動しない。

もっとも、金本位制を採用している国が貿易赤字を拡大させてしまうと、その分、自国から金が流出してしまう。すると、右記の例でいえばアメリカは「1オンス＝1万ドル」を維持できなくなる可能性が生じる。アメリカでドルを稼いだ企業などが、自国に持ち帰る金を購入する際に「買えない」といった事態を起こしてはならないのだ。

そこで、貿易赤字国は金の流出を食い止めるために、

1．緊縮財政：増税や政府支出削減により、国内を不況化し、失業者を増やし、輸入を減らす。

2．金融引き締め：中央銀行が金利を引き上げ、やはり国内不況化により輸入を減らす。

といった政策を強いられることになる。輸入が減れば、貿易赤字が縮小し、金流出を止めることができるわけだ。

逆にいえば、各国が金本位制を維持するためには、財政政策や金融政策を「金の市場」に依存しかねない。本来は国家の主権に含まれるはずの経済政策が、市場にコントロール

される事態になってしまうのだ（なお、同様の問題は現代においても「固定為替相場制」「共通通貨制」を採用している国でも起きている）。

そもそも、なぜ国内の経済政策が市場に従わなければならないのか。金が不足している国は、国家が貨幣を発行することすら自由にならないためだ。

要するに、金本位制とは、

「貨幣は金に代表される貴金属を担保に、発行されるべき」

というリベラリズムなのである。貨幣論については次章に譲るが、当時の世界の人々（日本人を含む）にとって、金本位制は「当たり前」のシステムであり、常識だった。

1914年に第一次世界大戦が始まると、途端に各国は金本位制の放棄に追い込まれた。大戦争を戦っている国が、

「国家の貨幣発行量は、自国が持つ金の量に依存する」

などとやっていられるわけがない。金が不足していることを言い訳に、貨幣を発行せず、政府が支出しない場合、普通に戦争に負けるだけの話だ。そこで、各国はリアリズムの発想に基づき、金本位制を捨て去った。

第一次世界大戦により、金本位制が終焉《しゅうえん》した。これで世界は、金本位制というリベラリ

ズムの呪縛から解き放たれたのかと思えば、実はそんなことはない。戦争終結後、各国はアメリカを先頭に、順次、金本位制に復帰していった（金本位制採用のことを「金解禁」と呼んだ。金が自国から流出することを認める、という意味になる）。

リベラリズムという「理想主義」のパワーは、我々が想像している以上に強大だ。

金解禁で日本経済は大混乱に陥った

さて、戦前の日本、すなわち大日本帝国である。

日本は明治政府の下で近代的通貨制度を整備し、日清戦争に勝利し、多額の賠償金を獲得。金の保有量が増えたこと受け、１８９７年に金本位制を採用した。その後、第一次世界大戦勃発を受け、諸外国と同様に金本位制から離脱した。

戦争が終結した後も、１９２３年に関東大震災が発生したこともあり、日本は金本位制への復帰を果たせずにいた。大震災から復興するためには、政府が貨幣を支出しなければならない。その状況で国内の金保有量に貨幣発行を左右されてしまうと、復興を成し遂げられない。ちなみに、大震災からの復興を理由に「増税」という愚策を強行した国は、筆者は2011年の日本以外に知らない。

関東大震災発生時の日本国政府は、現在よりもはるかに真っ当だったため、当然ながら金本位制への復帰を遅らせたのだ。

その後、1929年に世界大恐慌が発生。世界は「超デフレ経済」に突入するわけだが、何と日本政府はそのタイミングで金本位制に復帰した。1929年に発足した濱口雄幸《はまぐちおさち》内閣の時代だが、当時、大蔵大臣を務めていた井上準之助が、金本位制復帰の必要性について以下の通り語っている。

『濱口君と話し合ってみると、現在の財界を匡正《きょうせい》するためには緊縮財政によりいじめつけて金解禁をしなければならぬという事に意見が一致したので、大蔵大臣を引き受ける事になった（井上準之助が金解禁に反対する高橋是清に語った言葉）』（片岡英『赤と白　小説高橋是清』文芸社）

日本は世界大恐慌が本格化した1930年に金本位制に復帰し、国内経済を「昭和恐慌」に叩き込んだ。一体全体、何のためだったのか？

別に、難しい話ではない。単に、当時の世界において金本位制が「グローバルスタンダード」だったというだけの話だ。リアリズムの欠片《かけら》もない。

「他の国が金本位制を採用している。日本も金本位制に復帰するべきだ」というリベラリズムにより、日本は恐慌下の金本位制復帰を決定。しかも、よりにもよって日本円の適正レートよりも「円高水準」で金本位制に復帰した。当然の結果として、恐慌が深刻化し、銀行や企業の休業や倒産が続出。農村は荒廃し、失業が急激に増大した。

濱口内閣は「日本経済を回復させる」ことを目指し、金解禁に踏み切ったのである。ところが、政府の意図に反し、国内経済は大混乱に陥った。世界の物価下落に日本の下落が追いつかず、相対的に値段の高い日本製品は外国でまったく売れなくなってしまった。国内では労働争議が多発し、一家心中や身売り、浮浪者があふれ、世相は不穏になっていく。

1930年11月14日、濱口総理は東京駅で銃撃され、そのとき受けた傷が原因で翌年亡くなった。強引な金解禁を強行した井上蔵相も、濱口総理が亡くなった翌年に暗殺される。

当時の日本の農村は本当に悲惨だった。日本の農村の景気は第一次大戦後の1920年の恐慌以来、概していえば不振で、慢性不況の様相を呈していたが、昭和恐慌の中でどん底に落ち込むことになる。

恐慌の深刻化に伴い、物価の下落が激しく進む中で、特に農産物価格が急激に暴落。当時の農産物価格の暴落には、以下の事情があったと考えられる。

1．農産物は価格の需要弾力性が低く、価格が下がったからといって需要が増えるわけではない。

2．農民は自らの生活のために生産しているため、価格が下がったからといって生産量を減らすことは困難である。それどころか、価格下落を受け、むしろ生産量を増やし、価格下落に拍車をかけてしまう。

3．主要農産物である「コメ」は、当時、朝鮮半島や台湾からの移入（輸入ではない）が激増していた。

4．アメリカが主要市場であった生糸の原料である繭《まゆ》は、輸出不振でまったく売れなくなってしまった。

5．農家が購入する化学肥料、繊維製品、砂糖などにおいて、資本独占が進んでおり、恐慌下でも価格が下がりにくい構造になっていた。

都市部においても、人々は失業率急騰に苦しめられた。昭和恐慌期、日本は失業統計が不完全で、当局の推定方法も任意によるものであり、確定的な統計はない。1930年の内務省社会局の失業統計は5・3％となっていたが、推定値な上に、失業者は大家族制を通じて農業や零細小売業に吸い込まれ、不完全就業者と化していた。日本政府は都市部の失業者の帰農を推進したが、昭和恐慌の最も深刻な局面は農業恐慌であり、〝娘の身売り〟が大量に行われるほど貧困化した農村には、帰農した失業者を扶養する力はなかった。

そして1931年に満州事変が勃発。さらには、イギリスの金本位制停止を受け、日本の金輸出再禁止（金本位制離脱）も近いという憶測のなか、円売りドル買いが加速。政府の買い支えもむなしく、濱口内閣を引き継いだ犬養《いぬかい》毅《つよし》内閣が金本位制離脱。金解禁時には10億7000万円あった正貨準備高（金）は、4億7000万円に激減していた。

当時、ドルを買い占めた財閥の横暴に対し、国民の不満は増大した。反感に乗じて右翼勢力や軍部のパワーが高まり、以後、満州国建国、五・一五事件、二・二六事件、支那事変（日中戦争、以下同）へと、歴史は突き進んでいく。

ノモンハン事件の衝撃

ところで、日本は第一次世界大戦に本格的に参戦したわけではなかったため、「総力戦」の経験を持たなかった。1931年の満州事変により満州国が建国され、大日本帝国は事実上、ソ連及びモンゴル人民共和国と大陸において国境を接することになった。

1939年5月、フルンボイル平原のノモンハンで満州国軍の国境警備隊と、モンゴル軍が国境問題を巡り衝突した。元々、外モンゴルと満州国の国境は遊牧地帯であり、不明確であった。加えて、中華民国が外モンゴルの独立を認めていないという事情もあり、一種の「火薬庫」と化していたのである。満蒙国境では、1935年以来、国境紛争が頻発していた。

モンゴル軍と満州国軍の武力衝突を受け、「満ソ国境紛争処理要綱」に従い、関東軍が出動。モンゴル軍側には、ソ連軍が増援として送られた。ノモンハン事件の勃発である（ソ連側はハルヒン・ゴル河畔の戦いと呼称している）。

ノモンハン事件は、1939年5月から9月にかけて戦闘が行われ、日本軍は戦死者7696名、戦傷者8647名、生死不明1021名と、計1万7364名もの犠牲を出した。ソ連・モンゴル軍側も、戦死・戦傷合わせて2万6645名の兵士を失ったのだが、戦いの経過は「ソ連側が、物量で関東軍を圧倒した」印象を与えた。

ソ連軍は「機械」を活用し、機動力で日本軍を圧倒。輸送された軍用資材は砲兵弾薬1万8千トン、空軍弾薬6500トン、各種燃料、潤滑剤1万5000トン、各種糧食4000トン、その他の貨物1万1500トンと、関東軍とは比較にならないほど膨大な軍需物資だ。

さらには、ソ連軍は航空部隊の破壊力でも、機甲部隊や砲兵部隊の攻撃力でも優位に立っていた。7月以降の砲撃戦では、日本側が一発撃つと、ソ連側が数発撃ち返してくる有様だった。火砲数、弾薬数、火砲性能のすべてで、ソ連軍は関東軍を上回った。

ノモンハン事件は、日本人固有の「災害死史観」の弊害が露骨に出た戦いであった。関東軍を始め、帝国陸軍のソ連軍に対する認識は、日露戦争やシベリア出兵で止まっていたのだ。第一次世界大戦や1917年のロシア革命後の内戦を経て、ソ連軍が急速に機械化され、兵力というよりは「兵器」を近代化させていたことを把握していなかった。

第一次世界大戦という総力戦の経験がなかったことを踏まえても、関東軍のソ連軍への対応は杜撰《ずさん》を極めた。

「これまで通りの準備、応戦」をした結果、関東軍は敗北を重ね、最終的には不利な条件で停戦協定を結ぶことになる。

また、ノモンハン事件は災害死史観に基づく「日本語の軍事的コミュニケーション能力」という弱点もさらけ出した。紛争の終盤、本土の大本営は「作戦終結」の意思を持っていたが、関東軍は増援部隊を送り込み、紛争を継続しようと図った。

大本営側は「統帥の原則」ということで、作戦運用は可能な限り現地の関東軍に任せるべきと考えた。大本営の指導方式は、まずは関東軍の地位を尊重し、作戦中止の厳命はしない。その上で、使用兵力を制限するなどの「微妙な表現」により、大本営の意図を現地に伝えようとしたのである。

8月30日に作戦終結に関する決定がなされたものの、「作戦中止」という命令ではなく、関東軍には「小兵力で持久策を採るべし」という、非常に不明確な指示が伝えられた。小兵力とは、どの程度の規模なのか。持久策とは、具体的にはいかなる兵力運用なのか。非常に抽象的かつ曖昧な表現で、

「作戦を中止し、撤退して欲しいというこちらの希望をくみ取って欲しい」

という「意図」を関東軍に伝えたわけだ。

当たり前だが、前線の関東軍は「作戦中止」とは受け取らず、結局、大本営は参謀次長を関東軍に派遣することになった。ところが、参謀次長もまた、大本営の意図を明確に伝えなかったため、関東軍は作戦を続行しようとする。

結局、大本営は9月3日に改めて「攻勢中止」の命令を出す羽目になったのである。日本語のコミュニケーションは、戦争に向いていない。

帝国は「特定の誰か」の利益追求のための統治形態

もっとも、さすがにノモンハン事件の敗北のショックは小さくなく、帝国陸軍は改めて「総力戦」の重要性を思い知るに至った。ノモンハンでソ連の機械化部隊に敗北した陸軍は、戦争の形態が、戦車や飛行機を製造する生産力（＝経済力）の戦いに変わった現実を痛感したのである。

結果、満州国の経済計画に携わっていた秋丸次朗主計中佐が陸軍省に呼び戻され、将来起こり得る総力戦に備え、各国の国力を調査するべく設立されたのが「秋丸機関」（陸軍省戦争経済研究班）である。秋丸機関については後述する（100ページ参照）が、まずは当時の大日本帝国が置かれた状況について確認してみよう。

現代あるいは大東亜戦争期の世界において、数百年前から存続している大国としての「帝国」は三つ存在した。ここでいう帝国とは、複数の国民国家を一つの共同体として統合し、元・国民の「主権」を奪い取り、特定の「何か」が主権を行使する政治形態である。君臨する「何か」は、一般的には「皇帝」をイメージするが、「特定民族」「国民国家」「思想」のケースもあり得る。

また、国民国家とは、国民が主権を持つ国家という意味ではない。特定の共同体の構成員であるすべての「人間」が、共通の歴史、言語、伝統、文化、宗教、価値観、ライフスタイルなどにより統合され、互いに「同じ国民である」という認識（ナショナリズム）を共有している国家になる。我々日本国民にとって、最も分かりやすい共同体は国民国家だが、それは我が国が過去2000年以上もの長期間「一つの共同体」であり続けたためだ。歴史的に、共同体が2000年以上も続くケースはまれである。というよりも、日本以外に例がない。

共同体で暮らす人々が「同胞意識」を共有しているのが国民国家であるのに対し、帝国は多民族、多言語、多宗教だ。異なる民族、異なる言語、異なる歴史、異なる文化、異なる宗教の人々を一つの共同体として統合する帝国は、構成員の多くに「主権」を与えずに統治する。故に、「強制力」が必要となる。強制力は、通常は「暴力（軍事力）」であるが、「国際条約」も利用される。

帝国は、異なる国民国家という共同体で暮らす人々を、一つの優れた普遍性（と称する「何か」）により支配するという定義であるため、必然的に拡張的となる。拡張することで「普遍性」の正当化を図ろうとするのだ。結果的に、ほとんどの帝国の「人民」は「国外」で兵士として戦うことを強いられる。

さらに、帝国は一見、何らかの「普遍性」に基づき、「人間」を統治し、各人の幸福を追求するように見える。もっとも、実際には「特定の誰か」の利益追求のための統治形態であることが多い。特定の誰かの利益追求を隠蔽《いんぺい》するために、普遍性が利用されるのだ。

ロシア帝国の場合は、王権神授説が普遍性として活用された。つまりは「神」の名の下で、ツァーリ（皇帝）は広大な領土、複数の民族を専制的に支配したのだ。

あるいは、帝国主義時代の「大英帝国」は、連合王国（イギリス）という国民国家が宗主国としてアジア、アフリカなどの「植民地」の上に君臨した。植民地の住民には主権は与えられず、宗主国に資源や市場、所得を収奪され続けた。

さらに、現代のＥＵ（欧州連合）もまた、間違いなく帝国だ。ＥＵ加盟国の国民は、ブリュッセルのＥＵ官僚たちが決めた法律に「国内法」を合わせなければならないのである。さらには、財政政策もＥＵの指針に従うことを強いられ、ユーロ加盟国に至っては金融政策をＥＣＢ（欧州中央銀行）に移譲している。加盟によって各国の国民が主権を制限されている以上、ＥＵは立派な帝国だ。君主として君臨する「何か」は、いうなれば「グローバリズムという思想」になるだろうか。

かつてのロシア帝国、大英帝国、そして現代のＥＵに共通しているのは、「支配領域」を次第に拡大していくという点だ。帝国とは基本的に拡張主義なのである。

アメリカが日本ではなく中国についた意外な理由

そういう意味で、大日本帝国は間違いなく「帝国」に該当する。元々は「日本国民の国民国家」だったのが、台湾、朝鮮半島を領有し、多民族・多言語の国家となった。無論、大日本帝国は帝国主義丸出しの欧米諸国とは異なり、新たに領土化した地域の住民に教育を与え、インフラを整備していった。最終的には新領土の人々の「日本国民化」を図り、国政選挙権を与えるに至るが、帝国であったことに変わりはない。

さて、大東亜戦争期はもちろん、現代に至っても存続している三つの大帝国だが、ずばりロシア帝国（ソ連、ロシア連邦を含む）、中華帝国（中華民国、中華人民共和国を含む）、そしてアメリカ合衆国になる。

ロシア帝国は、元々はモンゴル帝国（ジョチ・ウルス）の支配下にあったモスクワ大公国が「タタールのくびき」から脱し、旧モンゴル帝国領のほとんどを領有するまでに拡大した国家だ。１５４７年、モンゴルの承認の下でモスクワ公に就任する状況を覆し、イヴァン四世（雷帝）がツァーリとして戴冠。ちなみに、イヴァン四世の母親は、ジョチ・ウルスの有力軍人・政治家のママイの直系で、二番目の妻はジョチ家の王族の血脈だった。ロシア皇帝の血筋は、実は「モンゴルの婿」なのである。

中華帝国（現在は中華人民共和国）は、古代には黄河流域の狭い地域を支配していたに過ぎない周が源流だ。その後、春秋戦国、秦、漢と、中華圏は次第に領土を広げていった。もちろん、中華帝国は「易姓革命《えきせい》」の国であるため、帝国のパワーが衰えると、皇帝や皇族は皆殺しにされる。前の皇帝を殺害した者が、新たな皇帝となるという、実に殺伐とした歴史をたどったが、中華（漢民族というよりは中華民族）の支配領域は着実に増え続け、大清帝国時代にピークに達した。

最後に、アメリカ合衆国。アメリカが「帝国」といわれてもピンと来ないかもしれない。アメリカ合衆国は独立当初は東部十三州に過ぎなかったのである。その後、アメリカ人は、いわゆるマニフェスト・デスティニー（明白なる運命）に基づき、領土を西へと拡大していく。

アメリカは欧州の市場的地位から脱し、大工業国・大投資国に成長したが、欧州は古くからの工業国で、アメリカの工業品を欲しない。中南米は購買力に乏しい。双方ともに市場にはならないのだ。故に、アメリカは「西」にフロンティアを求める必要があった。アメリカ人は「民主主義」というイデオロギー、あるいは「プロテスタント」という宗教を旗印に、「ドルのビジネス」という真の目的を隠したまま西に進んだ。

やがて、太平洋岸に到達したが、その後もアメリカの西進は止まらず、ハワイを領有し、ついにアジアのフィリピンまでをも支配下にするに至った。そして、中華という別の帝国と接触することになる。

アメリカ合衆国も、ロシア帝国、中華帝国同様に「多民族国家」だ。もっとも、アメリカ建国の父たちは極めて賢明で、合衆国の国民意識を醸成し、育むために、移民たちにアメリカ英語を強制した。アメリカは、言語的には一応、統一されている（最近はスペイン語人口が増えてきているが）。

改めて考えてみるとゾッとする話だが、日本はロシア、中華、アメリカという世界三大帝国に囲まれた地域に存在しているのである。日本が「大帝国に囲まれている」という認識は、少なくとも戦前の日本人は持っていたようだ。たとえば、戦前の国家主義者・農本主義者だった長野朗《ながのあきら》は、自著『民族戦』（柴山教育出版社）において、

《米国の発達の方式はドルである。之を保護するために軍艦と飛行機とがある。ロシアの民族発展は銃と剣とが先に立って、植民と商業とが後から来る。それがソ連になってからは組織と宣伝とが加わった。支那の民族発展は鍬《くわ》だ、人が土を匍《は》うて行く。政治はその後から来る。米国の発展は表皮を剥ぐのだ。ロシアの発展は肉を喰らう。支那のそれは骨の髄に喰い込む最も深刻なものである。》

と、実に的確な表現で「三大帝国」について説明している。確かに、歴史伝統的にロシアの侵略の武器は「軍事力」であり、アメリカは「カネ」で、中国は「人口」だ。特に怖

いのは、やはり中国の「人口」を使った侵略である。彼らは数百年かけ移住を続け、その地の民族を「漢化」していく。手ごわい民族に対しては、男は中国各地に散らばらせ、女は移住した漢人と結婚させ、民族色を薄めていく。この手の侵略（れっきとした民族浄化だが）を「洗国《せんこく》」と呼ぶ。

1930年代、日本の傀儡《かいらい》国家である満州国は、すでに中華帝国の「洗国」による侵略を受けていた。何しろ、満州国が建国されて以降、十年も経たない内に4000万人もの漢人が移住してきたのである。まさに「人口による侵略」だ。

満州西部のノモンハンで日本がロシア（ソ連）という帝国と激突する2年前、1937年に支那事変が勃発。中華帝国との戦争が泥沼化するにつれ、アメリカという帝国が、次第に蔣介石《しょうかいせき》（中華民国）側に肩入れするようになった。

なぜ、アメリカは日本ではなく中国側についたのか。中国お得意の情報工作、ロビー活動に加えて、蔣介石自身が「プロテスタント」だったという事情がある。

蔣介石の妻で、アメリカにおける反日プロパガンダの主役を務めた宋美齢《そうびれい》がプロテスタントだったのは有名な話だ。さらには、蔣介石もそうだったのである。宋美齢は蔣介石と結婚する際に、条件の一つにプロテスタントへの改宗を提示したとされている。

1930年10月、蔣介石は上海のメソジスト教会で洗礼を受けている。

さらに、1936年12月に西安事件が発生し、共産党に監禁された蔣介石は、解放後に中国のプロテスタント教会に「信仰告白」を送っている。曰《いわ》く、

「私がこの時、監禁者に乞うたものは一巻の聖書に他ならなかった。（中略）この時、私の心に新たなる霊感を与えたものはキリストの偉大さであり愛であった」

プロテスタントの布教に人生を捧げていた、中国在住のアメリカ人宣教師たちは熱狂した。中華民国の指導者が、ここまで深いプロテスタントへの情熱を語ったのだ。うまくいけば、「プロテスタント中国」が誕生するかもしれない。アメリカ人宣教師にとっては、プロテスタントを布教することもまた、マニフェスト・ディスティニーにほかならなかった。

そこで、在中アメリカ人宣教師たちは、蔣介石の対日戦争や反日プロパガンダに全面的に協力するようになる。宣教師たちは蔣介石による軍事国家化であった「新生活運動」への支援を決議。実際に、南京の宣教師たちは決議に沿った蔣介石支援活動として、南京陥落後（1937年11月）、いわゆる南京安全区における中国軍兵士の支援活動を実施した。南京安全区は「安全区」維持に必要な第三国の軍事力が存在していなかったため、日本側

から公認されていない。あくまで、アメリカ人プロテスタント宣教師たちが、勝手に南京安全区を設定したに過ぎない。

「南京大虐殺」はアメリカ人宣教師たちの情報戦の一環？

さらには、南京安全区を舞台に、南京事件（いわゆる南京大虐殺）というフィクションを創作し、アメリカ国内はもちろん、世界中に喧伝《けんでん》した。自称「南京安全区」では、中国軍の砲台が稼働しており、軍服を脱ぎ捨てた中国軍兵士（いわゆるゲリラ）が武装したまま徘徊していたため、安全区でも何でもなかったのだが。

そもそも、南京攻略戦では、日本軍が入城した「前」も「後」も市民人口は20万人から25万人を維持し、特に変動していない。南京で30万人が虐殺されたなど、荒唐無稽もいいところである。しかも、（自称）南京安全区で日本軍による虐殺を「見た」との証言は、すべてがアメリカ人宣教師によるものだ。

蒋介石は、支那事変勃発当初から「プロパガンダ」を活用していた。南京陥落後、蒋介石は300回以上も記者会見をしているのだが、なぜか一度も「南京大虐殺」については言及していない。本当に虐殺があったならば、プロパガンダ戦を得意とした蒋介石が「南京大虐殺」を喧伝しないなど、あり得ない。

1938年2月1日、国際連盟会合において、中国代表顧維鈞《こいきん》が、ニューヨークタイムズとロンドンタイムズの記事を基に、日本軍が南京で2万人の市民を虐殺したと非難した。記事の原文は「ある宣教師の見積もりによると(A missionary estimates)」となっている。やはり、情報の一次ソースはアメリカ人宣教師だった。

いわゆる「南京大虐殺」は、蒋介石を支援するアメリカ人宣教師たちの情報戦の一環に過ぎなかったのだ。ちなみに、戦後、東京裁判における南京大虐殺の証人として出廷した3名も、全員がアメリカ人宣教師だった。

もっとも、反日プロパガンダの一環である南京大虐殺という物語が、当時のアメリカ人に衝撃を与えたのは確かだ。結果、アメリカ国内における対日感情は、日に日に悪化していく。

日本は、支那事変で中華民国軍（蒋介石）と消耗戦を繰り広げている状況で、太平洋の反対側の超大国アメリカまでもが、心情的に敵に回る構図に苦しむ羽目になる。

ところで、帝国といえば「大英帝国」は、少なくとも本国は島国だ。グレートブリテン島の面積は約22万平方キロメートルで、実は日本の本州（約22・8万平方キロメートル）よりも小さい。本州同様に、グレートブリテン島は天然資源に乏しい（石炭は採れるが）。イギリスもまた、持たざる国なのだ。

それにもかかわらず、大英帝国は確かに「帝国」だった。理由は、強大な海軍によりシーレーンを支配し、アメリカ大陸（カナダなど）、アフリカ大陸、インド、オーストラリアなどの植民地の「資源」を、自国の「経済の五要素」に含めることができたためである。一次産品（資源等）が乏しいイギリスは、世界各地に植民地を獲得し、調達先を確保することで、覇権国に成長した。つまりは、イギリスの「帝国」としての覇権は、海上航路の安全に依存していたのである。

ここに、大日本帝国の生き残りのヒントがあった。総力戦の定義に従うと、イギリスは軍需への資源供給について、インド、オーストラリア、中東からのインド洋、スエズ運河を経由した「海運」に依存していたのである。

ちなみに、支那事変の最中、日本はアメリカに加え、イギリスとの関係も悪化させていく。こちらは、中国のプロパガンダではなく、経済的な理由からである。

イギリスが経済的に大恐慌から受けたダメージは、日本以上だった。日英両国の鉱工業

図④　日英綿織物輸出数量（百万平方ヤード）

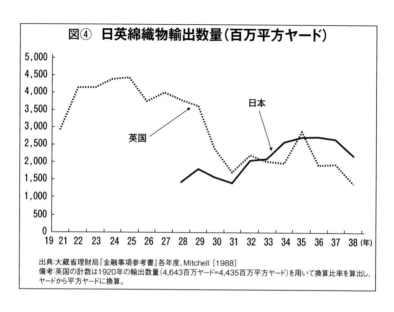

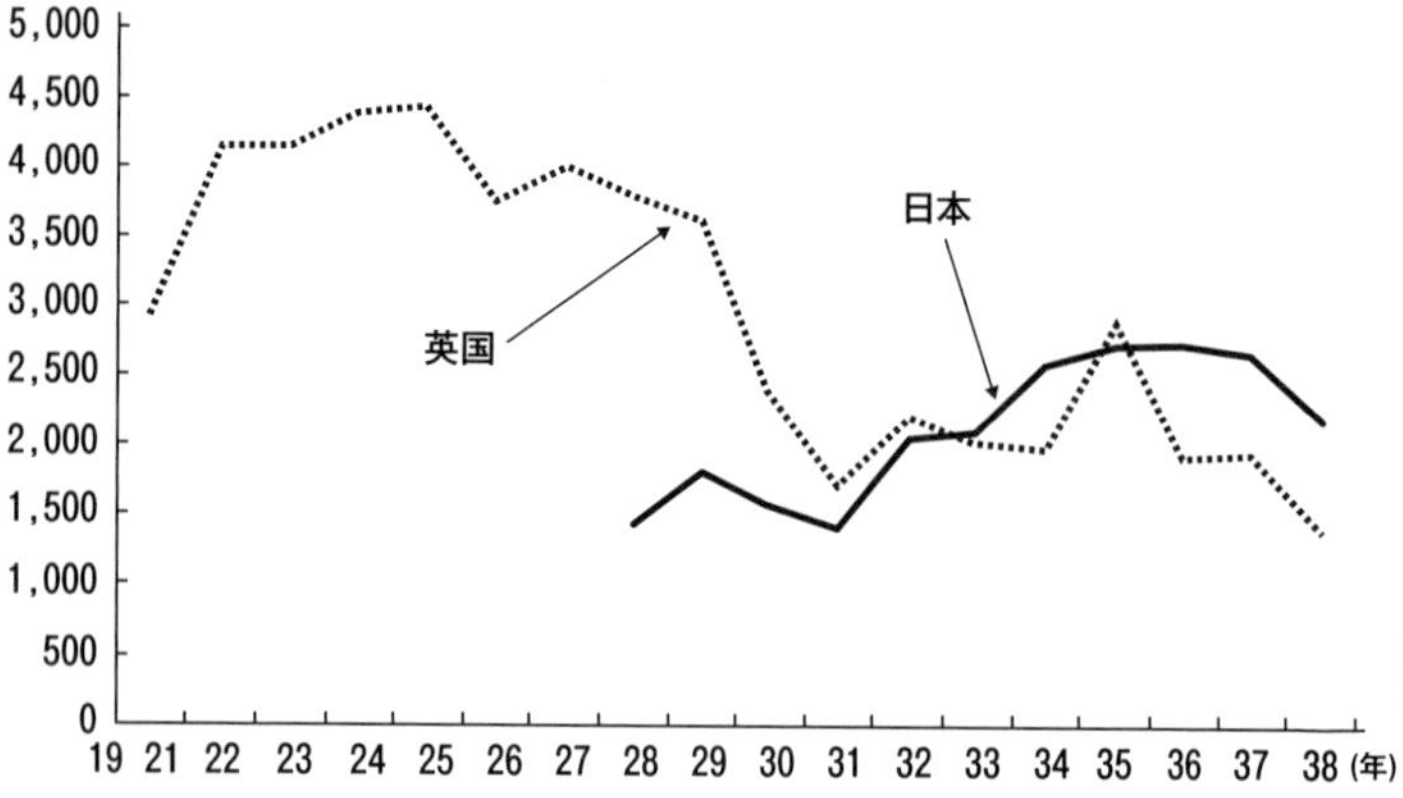

出典：大蔵省理財局『金融事項参考書』各年度、Mitchell［1988］
備考：英国の計数は1920年の輸出数量（4,643百万ヤード=4,435百万平方ヤード）を用いて換算比率を算出し、ヤードから平方ヤードに換算。

生産指数を見ると、1936年時点で日本は大恐慌前（1929年）の1・6倍くらいにまで拡大していた。濱口内閣の金解禁により、一時は大きく落ち込んだ日本の鉱工業生産は、犬養内閣下における金本位制離脱、さらには高橋是清財政による需要拡大政策で大きく戻したのだ。それに対し、イギリスの鉱工業生産指数は、1929年比で1・2倍、大恐慌からの回復が遅れていた。

失業率も、日本は1936年時点で4・3%と、完全雇用に近づいていたが、イギリスは9・6%と10%近かったのである。日本の恐慌からの回復が早く、イギリスが遅かった理由の一つが、為替レートだ。元々、日本は濱口内閣により「円高水準」で金本位制に復帰していた。1932年に金本位制から離脱すると、途端に円の為替レートが下落。輸出競争力を一気に回復することになった。

対英国ポンドで見てみると、金本位制時代は「100円＝12ポンド」前後で推移している。それが、金本位制離脱後は「100円＝6ポンド」代にまで円が安くなった。日本の輸出産業は、イギリスと競合する製品について、常時「半額セール」をやっているようなものだ。1932年に金本位制から離脱すると、日本の輸出は急回復。アジア市場を見ると、よりにもよってイギリスのおひざ元である「インド市場」で大きく数字を伸ばしている。

さらに、図④の通り、イギリスのお家芸であり、産業革命の主役を務めた綿織物の市場で、日本の輸出量が激増。何と、1934年にイギリスを上回ってしまったのである。イギリスからしてみれば、

「自分たちは相変わらず恐慌に苦しんでいるにもかかわらず、日本はアンフェアな為替レートで輸出を伸ばして経済を急回復させた。しかも、よりによって、綿織物で、インド市場で」

と、日本に対し経済的な不満感を高めていったわけである。

外交的にも、イギリスは日米関係において満州を巡った軋轢が生じたのを受け、日英同盟の解消に動いた（1921年の四か国条約で正式に解消、1923年失効）。1939年に第二次世界大戦が勃発し、イギリスはほとんど単独で第三帝国（ナチス・ドイツ）の欧州征服を防いでいるような状況になった。そのタイミングで、1940年に日独伊三国同盟が締結された。日本とイギリスは、決定的な対立状況に陥る。

つまりは、1930年台後半以降の日本は、中国を巡り、アメリカと対立。同時にヨーロッパ情勢に基づき、イギリスとも関係が急速に悪化していったのである。

日本のGDPはアメリカの2割に過ぎなかった

さて、総力戦の定義に従えば、軍事力は財やサービスの生産能力、つまりは経済力に依存する。経済力とは、要するにGDP（国内総生産）である。というよりも、GDPとはその国が「実際に生産した金額・量」を意味する。ちなみに、「生産した金額」が名目GDPで、「生産した量」が実質GDPだ。経済成長率といえば、通常は実質GDPの増加

図⑤　1941年の主要国のGDP（百万GK《ゲアリーケイミス》ドル）

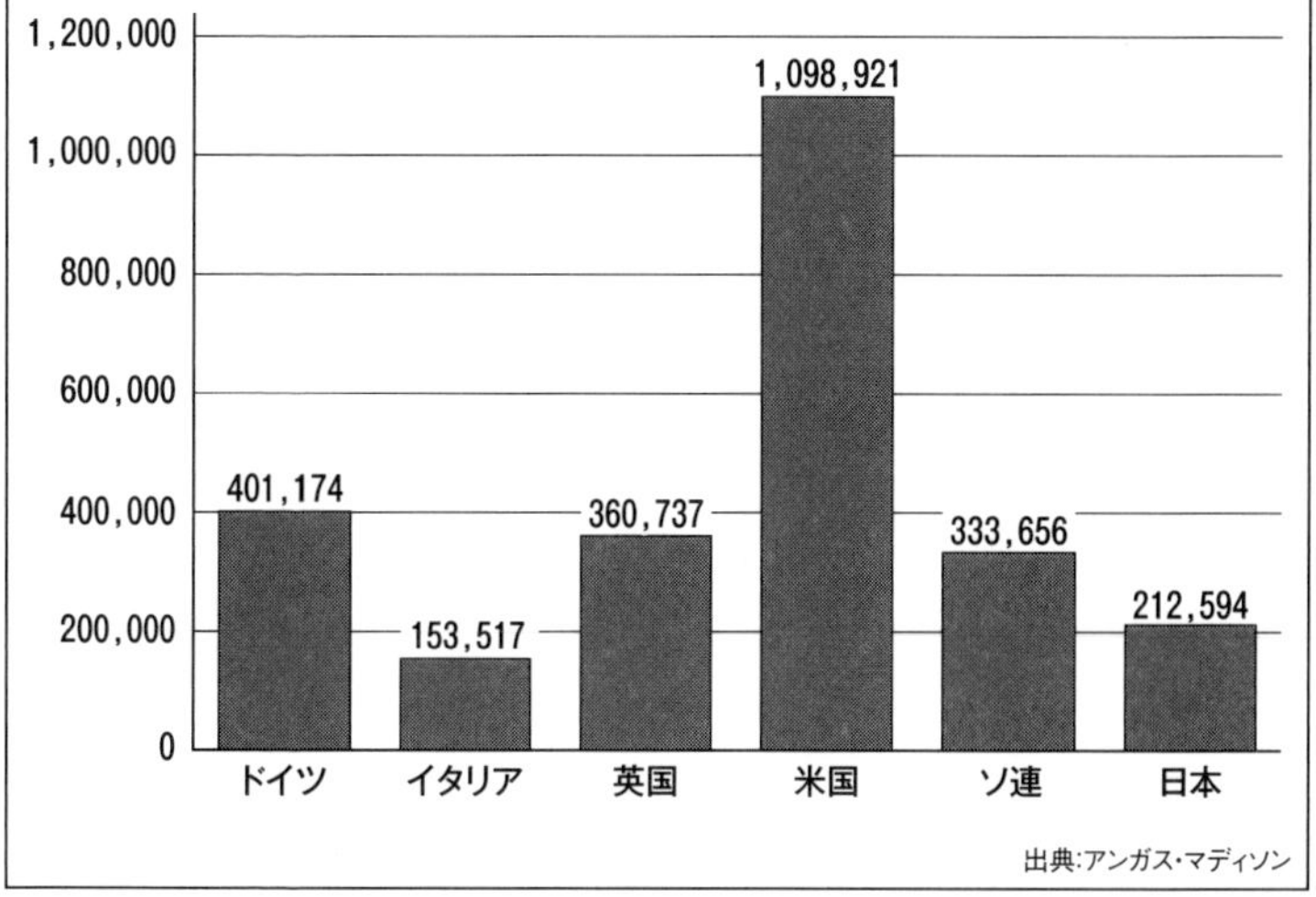

率になる。理由は、名目ＧＤＰは物価が上昇する「だけ」で拡大してしまうためだ。

　さて、第二次世界大戦中盤、１９４１年の主要国のＧＤＰを見てみよう図⑤。

　グラフ化すると如実に理解できるが、アメリカの経済力は当時から凄《すさ》まじかった。しかも、アメリカはエネルギーや食料といった資源を自給できる「帝国」でもある。

　ナチスの政策により経済がどん底からＶ字回復したドイツのＧＤＰは、イギリスやソ連を上回っていた。とはいえ、イギリス、ソ連とは異なり、ドイツ本国には十分な資源がない。世界最大の領土を誇るソ連はもちろん、イギリスも「海外植民地」により自給自足で戦争を遂行することができた。

だからこそ、ヒットラーやナチスは「東方生存圏構想」をぶち上げたのだ。

《我がドイツ民族は植民地ではなく、ヨーロッパのふるさとの大地にその力の源を求める。今日、我々がヨーロッパで求める新しい領土、それはロシアである。それに従属する東ヨーロッパの衛星諸国である。（アドルフ・ヒットラー『我が闘争』完訳上下、平野一郎、将積茂訳、角川文庫）》

そして、日本のGDPは、イギリスの約6割、アメリカの約2割に過ぎなかった。GDP、すなわち生産能力は、兵器の「生産量」と比例する。総力戦の概念を理解していれば、日本が米英両国を相手に戦争をしたところで、中長期的には「勝ち目」がないことなど、誰にでも理解できる。

というよりも、そんなことは1930年代後半に生きる日本人にとってすら、当たり前の話だったのだ。

ちなみに、大東亜戦争期の日本人が米英を相手に「無謀な戦争」に突入したと認識している人が少なくないだろうが、それは完全な誤解だ。当時の日本人は、米英相手に全面戦争に至ると、敗北が必至であることくらい分かっていた（分からない方がどうかしている）。

1930年代後半、日本の国力を分析し、判断する政府機関は三つ存在した。すなわち、日満財政経済研究会、企画院、そして陸軍省整備局の三つだ。

日本が米英両国を相手取って戦争をした場合、どうなるか。まずは、日満財政経済研究会の結論。

『輸出激減、輸入力減退、生産力拡充停滞、生産減少、再生産困難。（1938年～1940年　本邦経済国力判断）』

続いて、企画院。

『輸出激減、輸入力減退で物資動員見直し。必要物資七割の輸入先の英米との戦争は無理。日本の経済力は長期戦に耐えず。輸入途絶の計画は成り立たず。（1937年～1939年　国力判断）』

さらには、陸軍省整備局。

『日米通商条約破棄通告。輸入力に制約で重要物資供給に支障へ。民需大幅削減。満州は日本からの機械・食料・資金等に期待。（1939年　国力判断）』

『原油の90％をアメリカから輸入。欧州大戦で輸入価格高騰。電力不足発生。生産拡充計画・軍備充実計画・物資動員計画は遅延・停滞。（1940年　国力判断）』

右記の通り、日本の三大経済シンクタンクは、すべてが米英を相手にした日本の総力戦は「不可能」と分析していたのである。

それにもかかわらず、日本は1941年12月8日、アメリカ、イギリスとの全面戦争に突入した。なぜなのだろうか。

石油の禁輸が日本にとっての「致命傷」となった

リアリズムの観点から、ほかに選択肢がなかったためである。時系列を整理してみよう。

1937年7月7日　盧溝橋《ろこうきょう》事件。支那事変が始まった。同年8月30日、中華民国は国際連盟に対し、日本の行動は不戦条約および九ヵ国条約に違反すると主張し、具体的な措置を取るよう提訴した。さらに、同年12月13日、日本軍、南京入城。戦術の通り、「南京大虐殺」のプロパガンダが、大々的に展開され、アメリカの対日感情は急速に悪化していく。

１９３９年、アメリカは日米通商航海条約破棄を通告した。翌１９４０年、日米通商航海条約が失効し、屑鉄《くずてつ》の対日全面禁輸が実施された。そして、１９４１年。アメリカは石油の輸出を許可制とし、続けて日本の在米資産凍結令、石油の対日全面禁輸と、対日経済制裁を強化した。

特に、石油の禁輸は日本にとっての「致命傷」となった。石油が入ってこないのでは、軍艦も戦車も戦闘機も動かせない。

アメリカの対日経済制裁強化に、イギリスも追随した。イギリスの軍事評論家、イジル・リデル＝ハートは、

「アメリカ政府の資産凍結措置と同時にイギリス政府も行動をとり、ロンドンのオランダ亡命政府も誘導されて追随した。このような措置は、１９３１年にさかのぼる議論においても、日本を戦争に追い込むことは必定だった。」

と、語っている。

絶望的な状況の中、大日本帝国陸軍は「勝利の条件」を見つけ出さなければならなかった。特に、帝国陸軍はノモンハン事件で「総力戦」の威力を痛感していた。

1939年9月、陸軍軍務局軍事課長の岩畔豪雄《いわくろひでお》大佐が「秋丸機関」を率いることになる秋丸次朗主計中佐に語った言葉を引用しよう。

≪わが陸軍は、先のノモンハンの敗戦に鑑《かんが》み、対ソ作戦準備に全力を傾けつつあるが、世界の情勢は対ソだけでなく、既に欧州では、英・仏の対独戦争が勃発している。ドイツと近い関係にあるわが国は、一歩を過まれば英米を向うに廻して大戦に突入する危惧が大である。大戦となれば、国家総力戦となることは必至である。しかるに、わが国の総力戦準備の現状は、第一次世界大戦を経験した列強のそれに比し寒心に堪えない。企画院ができ、国家総動員法は施行されたが、総力戦準備の態勢は未だ低調である。そこで陸軍としては、独自の立場で、秘密戦の防諜、諜報活動をはじめ、思想戦、政略戦の方策を進めている。しかし、肝心の経済戦について何の施策もない。貴公がこのたび本省に呼ばれたのも、実は経理局を中心として経済戦の調査研究に着手したいからである。（牧野邦昭『経済学者たちの日米開戦　秋丸機関「幻の報告書」の謎を解く』新潮社）≫

こうして、満州国の経済計画に携わっていた秋丸次朗主計中佐が陸軍省に呼び戻され、将来起こり得る総力戦に備え、各国の国力を調査するべく設立されたのが「秋丸機関」（陸軍省戦争経済研究班）である。秋丸機関には、統計学の権威だった有沢広巳東京帝大助教授（当時）らも加わり、日本の「頭脳」を結集させ、戦争に「勝利」するための調査、分析、計画立案を行った。

そして、秋丸機関は対英米総力戦をいかに戦うべきなのか「英米合作経済抗戦力調査」として報告書にまとめた。「英米合作」とは、日本がイギリスのみを相手にした場合であっても、「アメリカ→イギリス」と様々な軍需物資が送られ、結局は英米両国の「生産力」を相手取らなければならないことを前提にしている。実際、1941年6月に始まった独ソ戦では、英米（主にアメリカ）から膨大な軍需物資がソ連に送られた。ソ連に侵攻したドイツ国防軍は、英米の「生産力」とも戦わなければならなくなったわけで、秋丸機関の認識は正しい。

秋丸機関の結論は、要するに、

「アメリカとは全面戦争をせずに、イギリスのインド洋における海上輸送能力を叩く」

である。先にも解説した通り、イギリスは日本同様に島国でありながら、世界中に植民地を持ち、資源を輸入する（正しくは「移入」だが）ことで「帝国」としての地位を維持していた。特に重要なのは、インド及びオーストラリアからの資源輸入である。

当時、すでにイギリスとドイツは戦争状態にあった。大西洋におけるイギリスの海上交通網は、ドイツのUボート群が叩く。日本はインド洋におけるイギリスのシーレーンを途絶させる。そうすることで、イギリスを早期講和に追い込める。

肝心の「石油」についてはどうするのか。アメリカが対日石油禁輸を決断した以上、日本は「別の場所」に石油資源を求めるしかない。すなわち、オランダ領東インド（現在のインドネシア）だ。

当初、帝国陸軍はソ連を敵とした「北進論」を唱えていた。とはいえ、アメリカから石油が入ってこなくなった以上、東南アジアの資源、特にインドネシアの石油を獲得する南進論以外に選択肢がなくなった。関東軍がドイツ国防軍とソ連を挟撃しようとしたところで、石油がないのでは、戦車一つ動かせない。

米海軍を「待ち構えて戦う」はずだった

また、当時の大日本帝国の「主敵」である蔣介石（中華民国）には、イギリス統治下の

図⑥　日本の石油輸入と生産、在庫高（単位：千バレル）

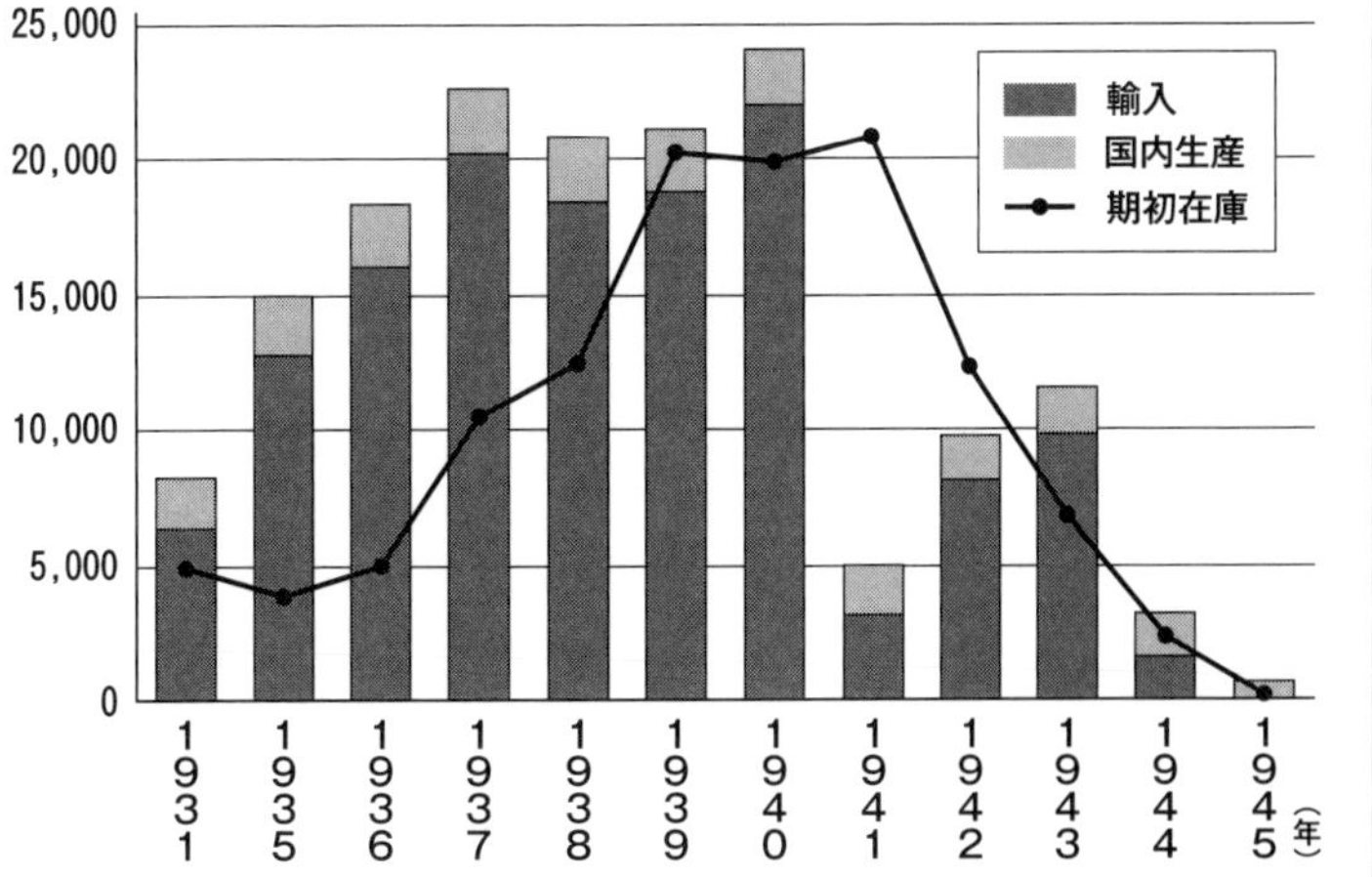

出典:陸海軍石油委員会

ビルマ、仏領インドシナから米英の支援物資が送られ、「援蒋ルート」と呼ばれていた。援蒋ルートを断ち切るためにも、日本は「インド洋」に向かう必要があったのである。

図⑥の通り、日本が米英両国と開戦した1941年、石油輸入は大きく落ち込んだ。その後、1943年までは回復している。理由は、1941年の開戦以降、南進した帝国陸海軍がボルネオ島やスマトラ島などの油田や製油所を確保したためである。

米英両国の経済制裁に追い詰められた大日本帝国が、陸海軍を東南アジア、そしてインド洋に送り込み、原油を確保すると同時に、イギリスのシーレーンを途絶させ、援蔣ルートを塞《ふさ》ぐという「戦略」は、総力戦という観点からして正しい。というよりも、ほかに手がない。

１９４１年11月15日、大本営政府連絡会議にて正式決定された「対米英蘭蔣戦争終末促進に関する腹案」は、以下の通りとなっていた（一部読みやすくしました）。

『一、帝国は迅速なる武力戦を遂行し東亜及び南西太平洋に於《お》ける米英蘭の根拠を覆滅し、戦略上優位の態勢を確立すると共に、重要資源地域並びに主要交通線を確保して、長期自給自足の態勢を整う。およそあらゆる手段を尽くして適時米海軍主力を誘致し之を撃破するに勉む

二、日独伊三国協力して先ず英の屈伏を図る

（一）帝国は左の諸方策を執る

（イ）豪州、印度に対し攻略及び通商破壊等の手段に依《よ》り、英本国との連鎖を遮断し、その離反を策す

（ロ）「ビルマ」の独立を促進し其の成果を利導して印度の独立を刺激す

（二）独軍をして左の諸方策を執らしむるに勉む

（イ）近東、北阿《アフリカ》、「スエズ」作戦を実施すると共に印度に対し施策を行う
（ロ）対英封鎖を強化す
（ハ）情勢之を許すに至らば英本土上陸作戦を実施す
（三）三国は協力して左の諸方策を執る
（イ）印度洋を通ずる三国間の連絡提携に励む
（ロ）海上作戦を強化す
（ハ）占領地資源の対英流出を禁絶す（後略）』

最も重要なのは、『米海軍主力を誘致し之を撃破するに勉む』の部分である。つまりは、アメリカ海軍に対しては太平洋の西側で『待ち構えて』戦うことになっていたのである。フィリピンを失うと、西太平洋からアメリカ海軍の補給基地が消滅する。極端な話、アメリカと開戦に至ったとしても、連合艦隊は西太平洋で逃げ回っていればいいのである。西太平洋における補給線は、日本軍の方がアメリカ軍よりも圧倒的に短い。

わざわざ、日本側から出向いて「決戦」に持ち込む必要などまったくない。補給が途絶えれば、アメリカ海軍は戦えない。しかも、当時の太平洋戦線において、帝国海軍の戦力はアメリカ海軍を上回っていた。

艦隊決戦が必要なのは、むしろインド洋である。インド洋において、イギリス海軍を打ち破らなければ、『英の屈伏を図る』という戦略目的は果たせない。

総力戦の時代、日本が生き延びるためには、アメリカと全面戦争に持ち込まず、イギリスのシーレーン（及び援蔣ルート）を叩き、早期講和に持ち込む。秋丸機関の「英米合作経済抗戦力調査」にせよ、大本営政府連絡会議の「対米英蘭蔣戦争終末促進に関する腹案」にせよ、リアリズムという観点からも納得できる。

それにもかかわらず、大日本帝国の連合艦隊は、１９４１年12月7日（現地時間）、なぜかパールハーバーのアメリカ海軍に奇襲攻撃をかけた。

チャーチルの悲壮感あふれる苦悩

ここで、大東亜戦争に関する現代日本国民の誤解を一つ解いておきたい。当時の帝国陸海軍が「兵站を軽視していた」というのは、完全な間違いである。

そもそも、大東亜戦争でどれほどの規模の兵員が動員されたのか。

図⑦　総人口に占める日本陸海軍の人口割合（万人、%）

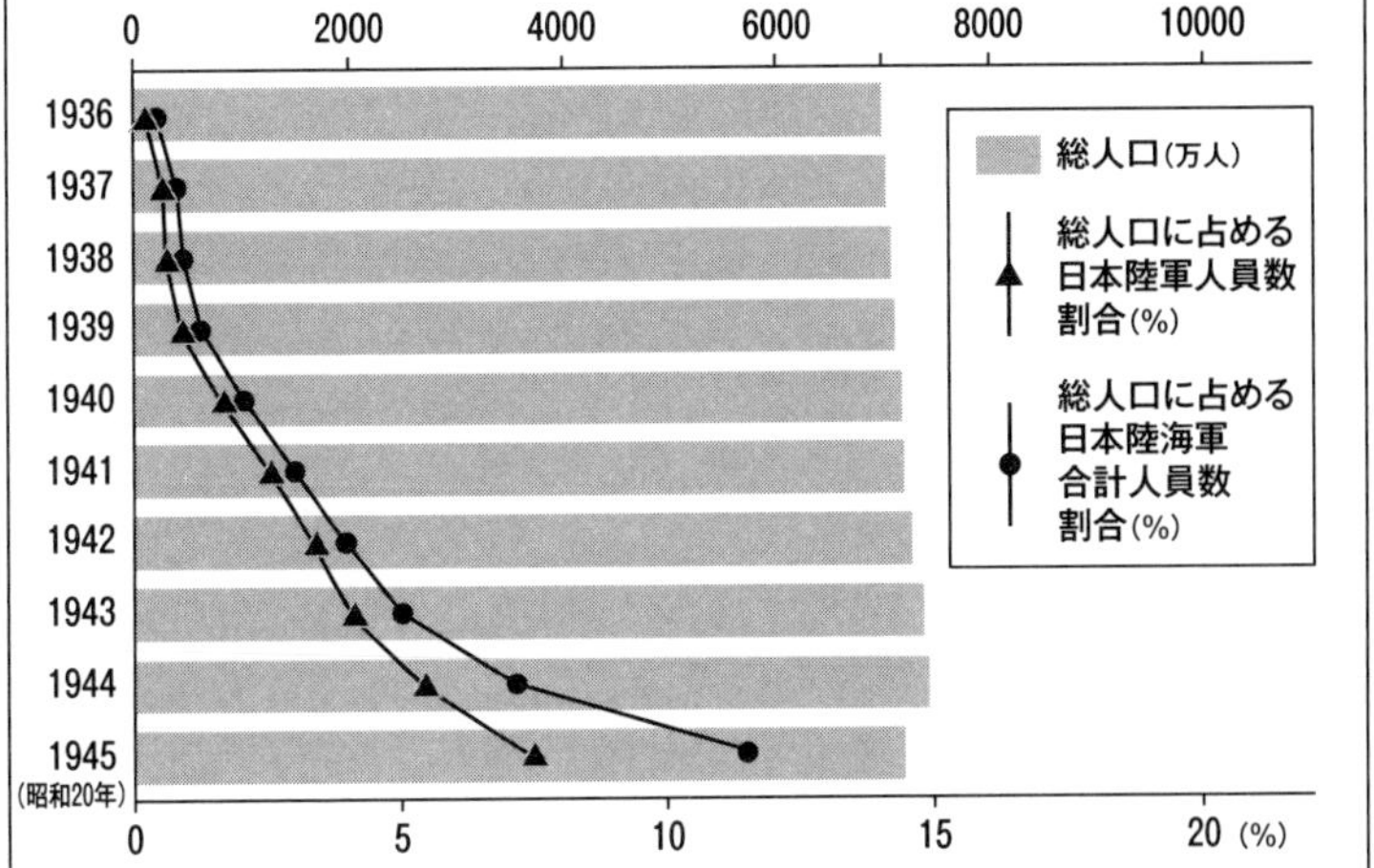

出典:「数字でみる日本の100年」矢野恒太記念会、原剛他編「日本陸海軍事典」新人物往来社

図⑦の通り、支那事変勃発以降、動員兵力は増えていき、１９４５年には８００万以上の日本国民が「兵士」となった。８００万（！）である。兵站を軽視した軍隊が、８００万もの人員を動員できるはずがない。

兵站とは、軍事活動において必要なときに、必要な物資を、必要とされる場所に供給することを意味する。特に、日本の場合、陸軍は「海の向こう側」で戦わなければならない。海軍は本土の海軍軍需部から艦船に物資を積み込めば、それで「兵站」は終わる。それに対し、陸軍の場合は「本土の集積基地」から「海軍基地」に物資を運び、海上輸送し、海の向こう側の「海軍主地」「集積基地」「兵站主地」「兵站地」「兵站末地」「師団野戦倉庫」「糧秣交付所」を経由し、ようやく前線の兵士に物資が届く。

帝国陸軍が数百万の大軍を展開するためには、高度に官僚化され、経験を積んだ兵站組織なしでは不可能だ。米英を相手取って戦うどころか、支那事変という「事業」すら遂行不可能だっただろう。

無論、1942年以降、厳密にはガダルカナル島（同年8月）の戦い以降、兵站が「崩壊」したのは確かだ。理由は、ミッドウェー海戦（同年6月5日〜7日）により、帝国海軍の戦力が弱体化し、太平洋西部における制海権を失ってしまったためだ。

不思議なことに、帝国陸海軍は太平洋でアメリカ海軍と死闘を展開しつつ、同時に「インド洋を押さえ、イギリスの兵站を絶つ」という戦略目標は普通に推進していた。そもそも、一般的な日本人の多くは1941年12月7日（現地時間）に「日本は対米開戦した」と認識しているだろうが、厳密には間違いだ。日本は12月7日にパールハーバーを奇襲攻撃する「前」の時点で、マレー沖でイギリス軍と戦闘状態に入っている。アメリカ側が「連合艦隊の攻撃を事前にはまったく予期していなかった」という説は、完全に嘘っぱちだ。何しろ、パールハーバー攻撃前に、日英の海軍の戦闘は始まっていたのだ。

日本の輸送船団はインドシナ半島沖において、開戦前の12月6日時点でオーストラリア航空部隊に発見されていた。イギリス軍は、日本艦隊の目的地がタイなのか、マレー半島なのかが分からず、積極的な迎撃ができなかった。

12月7日の朝、日英の航空部隊は戦闘状態に入った。さらに、12月8日の早朝、ハワイのパールハーバー攻撃より70分早く、日本軍はタイ国の国境に近いイギリス領マレーのコタバルに陸軍部隊を上陸。マレー作戦が始まる。

いわゆる「太平洋戦争」史観に染められた現代の多くの日本国民は、「なぜ、日本はアメリカと開戦しつつ、東南アジアでイギリスとも同時に戦ったのか？」と、疑問を持たれるかもしれないが、元々「東南アジアの資源を獲得する」「インド洋を押さえ、イギリスの兵站を絶つ」ことが戦争目的だったのである。ウィンストン・チャーチルは『第二次世界大戦回顧録』で、シンガポールの陥落について、

≪シンガポールに死の運命が近づいた。私はすでに一月二十一日に三軍参謀本部に対して、シンガポールをあきらめてわが援軍をビルマのラングーンに向けるよう注意したが、これを無理に押しつけはしなかった。その後われわれ全部がシンガポールをあくまで戦い

ぬくことを決めた時、このうえは死ぬまで戦えという絶対命令を出すより方法がなかった。

二月十五日の日曜日は降服の日だった。もう軍隊の食料は二、三日分しか残っていなかった。弾丸も打ちつくしてほとんどなく車輛用のガソリンは全くなかった。水はあと二十四時間分しかなかった。今はただ降服より方法がなかった。》

《圧倒的な海軍力と空軍力、これに支えられる日本の南方遠征軍は、蘭印の島々全部とマレー全島を征服してしまった。そしてさらに手をのばして南ビルマとアンダマン群島を占領し、今はインドまでおびやかしつつあった。（『第二次世界大戦回顧録 抄』毎日新聞社編訳、中公文庫）》

と、日本軍の東南アジア、インド洋侵攻について悲壮感にあふれた記述を残している。チャーチルは、もちろん「インド洋」を日本の帝国陸海軍に支配された場合に、何が起きるのか理解していたのである。

「パールハーバー攻撃」こそが余計だった

帝国陸海軍が元々の「対米英蘭蒋戦争終末促進に関する腹案」のままに、アメリカ軍に対しては『誘致し之を撃破する』に勉め、イギリス軍のみを主敵として戦えば、戦争の結果は随分と変わっていたはずだ。ところが、日本海軍はわざわざ長駆、ハワイにまで航行し、パールハーバーを攻撃した。結果的に、アメリカというよりは「アメリカ国民」が激怒し、日米両国は全面戦争に突入する。

日米開戦前、アメリカのフランクリン・ルーズベルト大統領が日本海軍の侵攻を予期していなかったなど、与太話もいいところである。何しろ、パールハーバー攻撃前の時点で、バシー海峡を挟んで台湾の日本軍とフィリピンのアメリカ軍が睨み合い、一触即発の状況にあったのだ。

パールハーバー攻撃前の時点で、台湾にいた陸攻4機がアメリカ軍基地を偵察。日本側の航空機の偵察を探知したアメリカ軍は、イバ、クラーク基地に全機15分待機を命令している。

日本軍は陸海軍ともに「対米英蘭蒋戦争終末促進に関する腹案」に沿った動きをしてい

る。日米開戦の象徴となっている「パールハーバー攻撃」こそが余計なのである。なぜ、日本海軍、あるいは山本五十六《いそろく》連合艦隊司令長官は、ハワイ奇襲作戦を実施したのか。

山本は、1941年1月時点でハワイ奇襲作戦立案を依頼している。山本が第十一航空艦隊参謀長の大西瀧治郎少将に宛てた手紙の主旨は、以下の通り。

「国際情勢の推移如何《いかん》によっては、あるいは日米開戦の已《や》むなきに至るかもしれない。日米が干戈《かんか》をとって相戦う場合、わが方としては、何か余程思い切った戦法をとらなければ勝ちを制することはできない。」

山本は、帝国陸海軍が長期間、アメリカ軍と戦えないことは理解していた。だからこそ、「短期で痛撃を与える」必要があると考えたのかもしれない。だが、連合艦隊のハワイ奇襲攻撃は「腹案」の『誘致し之を撃破する』に明らかに反しており、さらに「ドイツに宣戦布告する」ことをイギリスから切望されていたルーズベルトに、格好の口実を与えることになった。

日本の兵站を考えたとき、パールハーバー攻撃以上に「決定打」となったのは、ミッドウェー海戦である。パールハーバーに対する「奇襲」攻撃はアメリカ軍を本気にさせた。パールハーバーの災禍を免《まぬが》れたアメリカの機動部隊は、一撃離脱攻撃を各方面で繰り返し、日本海軍を悩ませる。結果的に、日本海軍は「さらなる決戦」が必要であると考えた。

そもそも、パールハーバー攻撃がなければ、アメリカ海軍が西太平洋に繰り出してくる可能性は低かった。当時のアメリカ国民の厭戦《えんせん》気分は相当なもので、全面戦争に対する拒否感は強かったのだ。アメリカ国民は、「自分たちと無関係」なはずの第一次世界大戦に参戦し、10万以上の若い命を散らしたことを受け、

「もう戦争なんて、こりごりだ」

という世論が大勢を占めていたのである。

フィリピンという「海外植民地」が日本の手に落ちたところで、アメリカ国民は「全面戦争」に賛同はせず、大々的な動員は不可能だっただろう。とはいえ、パールハーバーは別だ。自国の領土を直接、攻撃され、多くの国民が死んだとなると、アメリカ国民の厭戦気分は吹き飛ぶ。

１９４２年3月9日、日本軍はインドネシアのジャワ島を制圧した。南方の資源を奪取するという戦略目標は、予想以上のスピードで進んでいた。

4月上旬、帝国海軍の南方部隊はイギリス東洋艦隊を破った（セイロン沖海戦）。イギリス海軍は、アフリカのケニアまで拠点を後退させる羽目になる。つまりは、インド洋の制海権を握るという戦略目標は、達成されつつあったのだ。

セイロン沖海戦の直後、アメリカの空母ホーネットから発艦したジェームズ・ドーリットル中佐率いるB‐25ミッチェル双発爆撃機で編成された爆撃隊が東京などを空襲。被害は軽微だったが、日本国民が受けた衝撃は大きく、帝国海軍はミッドウェー海域での「艦隊決戦」に突き進んでいく。

ミッドウェー海戦以降、帝国陸海軍では日本語の「抽象性」、コミュニケーションに不全という問題が一気に露出することになる。そもそもミッドウェー海戦は、山本連合艦隊司令長官が「アメリカの機動部隊を撃滅する」ことを目的に仕掛けたものだ。ところが、艦隊を率いる南雲忠一中将は「ミッドウェー島を攻略する」ことが作戦目的であると勘違いしていた。

帝国海軍の対米戦の発想は「アメリカ艦隊を西太平洋で撃滅する」であった。これは「対米英蘭蒋戦争終末促進に関する腹案」に沿っているわけではなく、元々の帝国海軍の基本ポリシーがそうなっていたのだ。ところが、山本連合艦隊司令長官は「短期のアメリカ海軍撃滅」にこだわり、パールハーバーを奇襲し、アメリカの全面戦争参戦を誘発。さらには、ミッドウェーで連合艦隊をすり潰し、戦局全体における兵站を崩壊させることになった。

しかも、ミッドウェー島攻略ではなくアメリカ機動部隊を叩くことが作戦目的であることを、現場指揮官に知らしめることすらしなかった。ちなみに、ミッドウェーの作戦目的は、

「ミッドウェー島を攻略し、ハワイ方面よりする我が本土に対する敵の機動作戦を封止するとともに、攻略時出現することあるべき敵艦隊を撃滅するにあり」

と、なっていた。結局のところ、作戦目的がミッドウェー島攻略なのか、アメリカ艦隊の撃滅なのか、よくわからない。

あやふやな作戦で動かざるを得なかった日本艦隊に対し、アメリカ側のチェスター・ニミッツ提督の指示は明確だった。すなわち、

「帝国海軍の空母のみを叩け」

である。

帝国陸海軍は「失敗の分析」を生かさなかった

連合艦隊がミッドウェー海戦で敗北し、太平洋の制海権はアメリカ側が握ることになった。先にも触れたが、帝国陸軍の兵站には「海上輸送」というプロセスがある。海上を輸送し、海の向こう側の「海軍主地」に物資が届かなければ、兵站が成立しない。

そもそも、米英と開戦した以降も、帝国陸軍は中国戦線を重視し、資源確保とイギリスのシーレーン遮断という「腹案」に沿った動きをしていた。太平洋の島々に軍隊を送り込むという発想は、帝国陸軍に存在していなかったのだ。

ところが、軍令部（帝国海軍の中央統括機関）はアメリカとオーストラリアを分断するべく、南太平洋諸島に進出していく。当初は、ニューギニア島東南岸のポートモレスビーを海軍が攻略するはずだったのが、ミッドウェー海戦の敗北により不可能となった。それにもかかわらず、海軍は南方の島々への陸軍派遣を要請。ガダルカナル島における航空基地の建設が始まった。

ミッドウェー海戦からガダルカナル島の戦いに至る過程には、現在の日本の経済政策を混乱させている「経路依存性」が見て取れる。そもそも、太平洋の島々を制圧し、米豪間を分断するという発想は、連合艦隊が太平洋の制海権を握っていて初めて、成立する考え方だ。ミッドウェー海戦で制海権を失ったにもかかわらず、帝国陸海軍は普通にラバウル、ガダルカナル、ニューギニアへと軍隊を進めた。

制海権が失われた以上、兵站が崩壊することは初めから明らかであるにもかかわらず、途中で止まらない。ガダルカナルの戦いは「戦力の逐次投入」「作戦目的の曖昧さ」「兵站問題については見ないふりをする」といった、その後の帝国陸海軍の欠陥が一気に噴出した戦いになった。

ガダルカナルの戦いでは、正面からの銃剣一斉突撃という「日露戦争」以来の戦法が繰り返され、多くの兵士が命を落とした。もっとも、最大の問題はガダルカナルの戦い以降も、帝国陸海軍が同じような戦い方を続けたことだろう。敗北した戦いから学ぶのではなく、ひたすら教条主義的に銃剣突撃ばかりが繰り返されたのである。

大日本帝国の陸軍は銃剣白兵戦術に、海軍は艦隊決戦にこだわる、という奇妙な特徴を持っていた。目的や結果ではなく、プロセスや手法を重視する傾向が強かった。これは、現在の日本国政府の官僚組織（特に財務省）も同じである。結果とは無関係に「汗をかく」ことが評価される。その上、

「帝国陸海軍は、かく戦うべき」というリベラリズム的な「べき論」が軍の、特に上層部を支配し、臨機応変な作戦立案ができない。戦争ほどリアリズムが要求される「政府の事業」は存在しない。それにもかかわらず、「べき論」が先に立つのでは、戦いには勝てない。しかも、当時の敵国は世界最強の経済力、軍事力を誇るアメリカ合衆国だったのだ。

戦争の目的は、そもそも何なのだろうか。敵軍を打ち破ること。「戦争」という狭義で見れば、確かにそうかもしれない。とはいえ、究極的にはあらゆる政府の「事業」の目的は、戦争を含め、国民を豊かに、安全に暮らせるようにすることだ。すなわち、「経世済《けいせいさい》民《みん》」である。

「経世済民を達成する」という、究極の目的がまずあり、そこから各軍や人員の役割にブレイクダウンしていく。失敗した場合は、それを組織として共有し、フィードバックし、改善していく。この種の「作業」が、日本人は歴史的に苦手だ。ガダルカナルの戦いは、日本陸海軍の戦略、戦術を改める絶好の機会だったが、現実にはその後も同じパターンの敗北を繰り返すことになった。

結局のところ、史観の問題なのかもしれない。災害死史観の我々日本人は、究極的には

「諦観」に支配されることになる。何しろ、大震災や大津波、巨大台風といった大災害には、誰も抗《あらが》えない。抗えないからこそ、備えない。変わらない。そして、諦める。

それに対し、紛争死史観の国々は、備えることで大勢の人命を救える。だからこそ、失敗からも学び、「次」を予期した上で、変化していく。官僚組織に、文化として「フィードバックと変化」の機能が埋め込まれている。

それに対し、帝国陸海軍は、失敗に終わった作戦について分析し、「次の作戦に活かす」といった組織文化が皆無に近かった。ガダルカナル島の戦いにせよ、インパール作戦にせよ、明らかに失敗となった作戦であっても、引き時を見誤る。しかも、大本営が作戦中止を命じる場合も、抽象的な言葉で指示してしまうため、最終的には泥沼の撤退戦に至らざるを得ない。

対するアメリカ軍は、敗北した戦いについて徹底的に分析し、「次の機会」には戦術を変更してくる。この差はどこから生じるのだろうか。

一つの仮説として、「農耕民」と「狩猟民」の違いがあるのかもしれない。農業は、もちろん天候や環境の変化に応じ、生産手法を変えていくが、水田稲作ならば、「春に田植えをし、秋に収穫する」

という、基本的なスキーム（図式）は変わらない。

それに対し、狩猟の場合は毎回、環境も獲物も変わってしまう。環境変化に応じて「自分」を変化させなければ、家族もろとも飢え死にだ。

失敗の責任を誰も取らない

帝国陸海軍の戦史を振り返ると、常に同じ戦い方をしている。陸軍は銃剣白兵戦術にこだわり、海軍は艦隊決戦に持ち込もうとする。本来、西太平洋の制海権を維持するためであれば、虎の子の艦船を「喪失した先の未来」を恐れなければならないはずだ。ところが、現実には数度の艦隊決戦で制海権を失い、結果的に陸軍の兵站が崩壊した。

さらに、帝国陸海軍は「結果」ではなく、「過程」「努力」を重んじるという妙な風習があった。しかも、ロジックではなく、人間関係を重視したのである。

ノモンハン事件を泥沼化させた主犯の一人、辻政信参謀について、陸軍参謀本部で問題視されたが、板垣征四郎陸軍大臣（当時）は、参謀本部・稲田正純作戦課長からの「辻を更迭すべき」という要請に対し、

「そういわないで、かわいがってくれよ」

と、却下してしまった。結果、関東軍での辻の暴走は続く。

「人間関係」が功を奏したのか、ノモンハンで作戦指導の責任者であった辻は、敗戦にもかかわらず、予備役編入を免れた。そして、1942年4月、大本営から派遣されてきた辻は、フィリピンのバターン半島総攻撃によって降伏したアメリカ・フィリピン軍捕虜を射殺するよう命じた。さらに、7月のポートモレスビー攻略命令を専断で出し、ガダルカナルでは現地司令部の意向を無視した命令により、将兵の大半を戦死させる。

不思議なことに、辻の参謀としての責任、越権行為、専断命令等がとがめられることはなかった。帝国陸海軍は、失敗の責任を転勤程度で済ませてしまう。

≪しかもこれら転勤者はその後、いつの間にか中央部の要職についていた。なかには大本営作戦課の重要ポストを占めたものもいた。申訳の左遷であったのである。（林三郎『太平洋戦争陸戦概史』岩波書店）≫

無謀極まるインパール作戦（1944年3月）で多くの将兵を無為に死なせた牟田口廉《むたぐちれん》

也《や》陸軍司令官も、敗北後に軍司令官の座からは更迭されたものの、後に陸軍予科士官学校長に任命されている。

ミッドウェーで敗北した南雲忠一司令長官や草鹿《くさか》龍之介参謀長も責任を追及されることはなく、普通に次の作戦に参加している。レイテ沖海戦で「謎の反転」をしたことで、勝利を逃した栗田健男司令長官も責任を問われず、海軍兵学校長に就任した。

インパール作戦といえば、大本営は補給を無視した牟田口のアッサム侵攻に否定的だった。ところが、河辺正三《かわべまさかず》ビルマ方面軍司令官が「人情」から牟田口の暴走を認めてしまった。河辺は、盧溝橋事件時に牟田口の上官だったのである。まさしく「人間関係」あるいは「空気」が作戦の合理性を上回ったわけだ。

同年6月、インパール作戦の敗北は必至で、河辺は牟田口を訪れた。ところが、二人の話し合いにおいて「撤退」「中止」といった言葉は出なかった。牟田口は、

「私の顔色で察してもらいたかった」

と、いい、河辺は河辺で牟田口がはっきりと口にしない以上、中止命令を下すことができなかった。互いに「空気を読んでくれ」と司令官同士がやっている軍隊で戦わされた兵士は哀れだ。河辺によると、作戦中止を考え始めてから、実際に撤退が始まるまで、何と

2か月が経過していたという。

ところで、当時の帝国陸海軍を統率していたのは、大本営であるが、ミッドウェー海戦敗北以降、情報発信を歪めていったのは、ご存じの通り。戦果を過大に発表し、被害を軽微に偽装する。撤退を「転進」、全滅を「玉砕」といい換え、響きをよくするなど、嘘のプロパガンダを展開していった。いわゆる「大本営発表」だが、戦局が厳しくなると、言葉が「抽象的」になっていくのも、日本人（特にエリート官僚）の特徴の一つなのかもしれない。

抽象的な言葉を聞くと、我々は何となく納得してしまう。だが、抽象用語により「現実」に対する認識の共有ができないとなると、問題解決は不可能だ。最もリアリズムが要求される軍隊の司令部で、抽象用語が飛びまくるのでは、勝てる戦争も勝てない。

以上、ノモンハン事件以降の帝国陸海軍の戦いには、

・コミュニケーション不全。特に「目的」が正確に共有されていない。
・言葉が抽象的になり、現実の認識が困難になる。
・銃剣白兵戦術、艦隊決戦といった特定の戦術が「主義（イズム）」と化し、変更されな

い。

・敗北（あるいは失敗、間違い）を分析し、フィードバックする機能がない。

・論理や情報よりも「人間関係」が重んじられる。

・失敗した責任者が、責任を取らされない。

といった特徴が顕著に見られる。

右記の「失敗の本質」は、そっくりそのまま現在の日本政府の経済政策に（不気味なほどに）当てはまってしまうのだ。すなわち、財政破綻論というフィクションに支配され、延々と国力を弱体化させ、国民を貧困化させる経済政策を採り続ける日本政府である。

もっとも、大東亜戦争期の帝国陸海軍には、まだ同情すべき点もある。

当時の日本とアメリカでは、兵器の生産能力に大きな差があった。１９４０年から１９４５年までの日米建造隻数を比較してみよう。主戦艦艇の建造数は、日本が２０４隻であるのに対し、アメリカは１８９８隻。日本の主戦艦艇の建造実績は、アメリカの十分の一の水準に過ぎなかった。

また、航空機の生産量は、機数ベースで日本はアメリカの３割程度。重量ベースになると、10％程度だった。

艦船や航空機という「実物」の生産力にここまで開きが生じてしまうと、それこそ現場の軍人たちは「帝国陸海軍、かく戦うべき」というリベラリズム的発想に逃げるしかなかったのかもしれない。そういう意味で、帝国海軍のパールハーバーに対する奇襲攻撃の意味は重い。総力戦の時代に、世界最大の生産能力を誇るアメリカを「全面戦争」に引き込んでしまった。

歴史に「Ｉｆ」は許されないが、あえて「パールハーバーがなかった大東亜戦争」を考えてみたい。国民に厭戦気分があふれていたアメリカが、本気では参戦せず、日本の帝国陸海軍は（元々の目的であった）インド洋における戦いに注力する。

当時、欧州では地獄の独ソ戦が展開されていた。アメリカの武器貸与法に基づく輸出は、１９４５年９月までに５０１億ドルに達し、１９４１年から１９４５年８月までの期間の軍需生産の、約25％に達した。輸出先別でみれば、その63％はイギリスに、23％はソ連に向けられ、品目別では航空機（80・３億ドル）、戦車（61・９億ドル）、船舶（45・６億ドル）、火器（42・３億ドル）の順で、兵器が全体の三分の二を占めた。その他に食糧（57億ドル）、石油（23億ドル）、金属（21億ドル）が含まれ、これらの膨大な軍需物資援助が、連合国の勝利に大きく貢献した。

ソ連への支援物資の多くは、ペルシャ湾からイラン経由でアゼルバイジャンへ到る「ペルシア回廊」により送られた。日本海軍がインド洋からイギリス海軍を一掃し、ペルシア回廊が利用不可能となっていたら？

山本司令長官のパールハーバーに対する奇襲攻撃は、文字通り歴史を変えてしまったのである。

災害死史観の呪縛

1945年8月15日、日本軍（日本、ではない）はポツダム宣言を受け入れ、無条件降伏した。

その後、アメリカ軍が日本を占領することになるわけだが、実に不思議な現象が起きた。東京大空襲や広島・長崎への原爆投下などで、多くの日本国民（しかも民間人）を虐殺されたにもかかわらず、日本人のアメリカ兵に対するテロが一件も起きていないのだ。

戦争期のアメリカ軍の民間への攻撃は、すべて国際法違反である。多くの身内を殺されたにもかかわらず、なぜ当時の日本人はアメリカ軍を「攻撃」しなかったのだろうか。

筆者は、ここに「災害死史観」の呪縛を感じる。

そもそも、紛争で大勢の身内を殺されるという経験をしていない日本人は、今も昔も戦争について「災害」として認識してしまっているのではないだろうか。

２０２２年2月24日、ロシア軍がベラルーシ国境からウクライナに侵攻したことでロシア・ウクライナ戦争が始まった。

戦争勃発後、なぜか日本で「ウクライナへの支援を」と銘打つ募金活動が始まり、筆者は唖然としてしまったのである。現在進行形でロシア軍を相手に戦っているウクライナに寄付とは、一体、何を目的としたものだったのだろうか。

「自分の寄付したおカネで、ウクライナ軍に兵器を買ってもらう」

これならば、分かる。

分かるのだが、寄付をした日本人のほとんどは「兵器購入」に自分が出したおカネを使ってもらおうとは考えていなかったはずだ。

恐らくではあるが、要は「ウクライナ復興」のために寄付したのではないか。無論、戦闘は当時も今も続いているわけだが、我々日本人は「戦争」を「災害の一種」として認識してしまうのだ。

大東亜戦争に敗戦という形で幕が下りたとき、多くの日本国民は、

「災害が終わった」

という認識になってしまったのではないか。だからこそ、無垢《むく》な民間人を大量虐殺した
アメリカ軍兵士に対してさえ、「恨み」を持つことはなかった。

現代日本は最大の「亡国の危機」を迎えている

災害が相対的に短期で終わる災厄であるのに対し、紛争はそうはいかない。ポルタヴァ
でロシア皇帝ピョートル大帝に敗れたウクライナ・コサックたちは、ロシア帝国の過酷な
支配の下、「自分たちの国」を取り戻す魂を持ち続けた。同時に、ロシアに対する恨み、
憎しみも世代を超えて共有されていく。
1917年のロシア革命により独立したウクライナ人民共和国は、ボリシェヴィキの侵
略軍の前に屈した。その後はロシア帝国以上に凄まじいソ連の支配を受けることになった。
当時のソ連は重工業を重視し、外国から様々な資材を購入する必要が生じ、ウクライナ

の穀物に目をつけた。1924年、ソ連でヨシフ・スターリンが権力を掌握。スターリンはグルジア人だが、ロシア中心の中央集権主義者であり、ソ連各地、特にウクライナの民族主義を嫌悪した。同時に、ウクライナ農民についても危険視していた。

ソ連の農業政策の柱は、独立自活農民を集団化し、国営農場の「労働者」にすることだった。国営農場の労働者としての農民とは、要するに「農奴化」である。

ウクライナの農民たちは、集団農場入りを余儀なくされると、事前に自分が保有する家畜を殺し、売却することで抵抗。とはいえ、ソ連政府は容赦なく集団化を強行した。多くの農民が逮捕され、シベリアに送られてしまう。あるいは、自活農が成り立たないよう、高額な税を課され、極貧に苦しむ羽目になった。

ソ連政府はウクライナの農民に対し、自主独立した農家の主ではなく、集団化された国営農場の「部品」になることを求めたのだ。ウクライナでは1930年以降、農業集団化が容赦なく進む。1928年には3・4％の農家が集団化されていただけだったが、1935年には91・3％に達した。

集団化は、農業の生産性を引き下げる。スターリンは、集団化で農業生産性が下がったウクライナから、容赦なく穀物を調達した。穀物を輸出し、外貨を稼ぎ、工業力強化に必要な資材や資源を買うためである。

ソ連の工業化のために、ウクライナの人々は犠牲にされた。ソ連政府は共産党員をウクライナに送り込み、農家を一戸一戸回り、床を叩き壊してまで穀物を探し出し、収奪していく。飢えていない者は、食料を隠しているとみなされ、弾圧された。

さらに、ソ連政府は食料を隠している者を「社会主義財産の窃盗」として、死刑にする法律を制定。結果、ウクライナで大飢饉が発生した。いわゆるホロドモールである。ホロドモールは、完全にスターリンとソ連政府の「政策」により引き起こされた。

ホロドモールは、1933年春にピークを迎えた。都市住民ではなく、農産物を生産する農民が飢え、しかもヨーロッパの「パン籠」で大飢饉が発生するという異常事態である。

ホロドモールは紛争ではないが、「人が大量の人を殺した」事例である点は同じだ。この種の歴史的記憶は、ユーラシアの国のほとんどが持っている。そして、日本人にはない。

ロシア・ウクライナ戦争が勃発し、台湾戦争（台湾「有事」ではない）のリスクが高まっている。さらには、尖閣諸島への中国の攻勢も留まるところを知らない。

つまりは「紛争」が近づいているわけだが、災害死史観に染まった我々日本人は「もめ続ける」ことを回避しようとしてしまう。

以前、尖閣について、「尖閣諸島など、どうせ無人島なのだから、中国にくれてやればいい」と主張した人がいた。尖閣諸島を巡り、日本と中国が対立し、いがみ合うという状況に耐えられないのだろう。

しかし、中国が尖閣諸島を日本から奪ったとして、話はそこで終わらない。次は、石垣、与那国、そして沖縄と、中国は対日侵略を継続してくるはずだ。

さらに、尖閣諸島が中国領となってしまうと、東南アジア諸国の多くは一斉に「中国側」に走ることになる。日米安保条約の実効性が失われてしまうことになるためだ。

紛争死史観の国々（要は日本以外のすべての国）は、「敵国」を恨み続けることができる。恨むことで、「次は、二度と身内を殺されない」と決意し、そして「変わる」。変わることで、「次」なる紛争における被害者数を減らすことができる。

それに対し、大災害の場合は恨む相手がいない。その上、「次」なる災害がいつ、どこで、どれほどの規模で起きるのか、誰にも分からない。分からないから、考えない。考えないから、変わらない。

『ゆく川の流れは絶えずして、しかも、もとの水にあらず』

は、鴨長明の方丈記の冒頭からの引用だが、我々災害死史観の日本人にとって、歴史とは「流れていくもの」なのだ。

それに対し、紛争死史観の人々の歴史観は「積み重なり」だ。紛争とは「恨む相手」がいる。憎悪や憤怒といった感情を蓄積していき、常に「相手」を意識し、備える。さもなければ、次なる紛争でさらに大勢の身内を失う羽目になる。

「恨む相手」に対する感情を維持し続けるとは、なかなか難儀な話である。だが、日本人の「水に流してしまう」という考え方の方が、グローバルな視点から見ると異常なのだ。

日本人の災害死史観は、災害で多くの人が亡くなるのに加え、

「海という壁が、大陸からの侵略軍を防いでくれていた」

という、幸運な歴史に立脚している。

今や、海は我々を守ってくれる壁にはならない。しかも、ロシア・ウクライナ戦争や将来の台湾戦争、尖閣問題の議論を見る限り、国民の多くは相変わらず災害死史観の発想から抜け切れていない。

ある意味で、現在の日本は大東亜戦争期をも上回る、最大の「亡国の危機」に直面しているのだ。

第3章

Japanese economy
the essence of failure

狂った貨幣観と大本営と化した財務省

所得創出のプロセス

いよいよ「日本経済の失敗」の話に入るわけだが、そもそも「経済」とは何なのだろうか。経済とは、お金儲けのことではない。お金儲けは、ビジネスだ。

経済とは、そもそも、

「国民が安全に、豊かに暮らすことを可能にする政治」

を、意味する「経世済民」のことだ。経世済民から二文字とって「経済」というわけだ。

国家という共同体の構成員である国民が「安全に暮らす」ためには、当たり前だが防衛を始めとした各種の安全保障サービスを政府が「生産」しなければならない。つまりは、安全保障サービスを生産する「供給能力」を国家が保有する。さらには、生産に必要な「資源」も確保する必要がある。

日本が大東亜戦争に敗北したのは、究極的には「経済力」「供給能力」が不足したためだ。

また、「豊かに暮らす」とは、国民の所得が増えていくことである。分かりやすく書くと、給料が増加していくことだ。

日本経済は1997年にデフレ化し、その後は国民が貧困化していった。なぜ、このような事態に至ったのか。

まずは、実体経済、所得創出のプロセスについて理解して欲しい。

我々は、生産者として財（モノのこと）やサービスを生産し、それらを顧客（家計・企業・政府・外国など）に「貨幣を支出してもらう（＝買ってもらう）」ことで所得を稼いでいる。

これが、いわゆる実体経済だ。

財やサービスを生産することで所得を稼いだ生産者は、今度は顧客側に回る。そして、別の生産者が生産した財やサービスを購入する。すると、その別の生産者に所得が生まれる。

今度は、その生産者が顧客側に回り、さらに別の生産者が生産した財やサービスを購入する、と、所得創出のプロセスがグルグルと回り続ける国民経済のつながりを示すのが実体経済だ。実体経済は、まさしく共同体のつながりそのものだ。共同体なしでは、実体経済は成立し得ない。

実体経済は、貨幣の世界である金融経済と有機的に結びついている。たとえば、企業は金融経済から銀行融資という形で貨幣を調達し、工場建設などの投資を行う。

図⑧　実体経済と金融経済

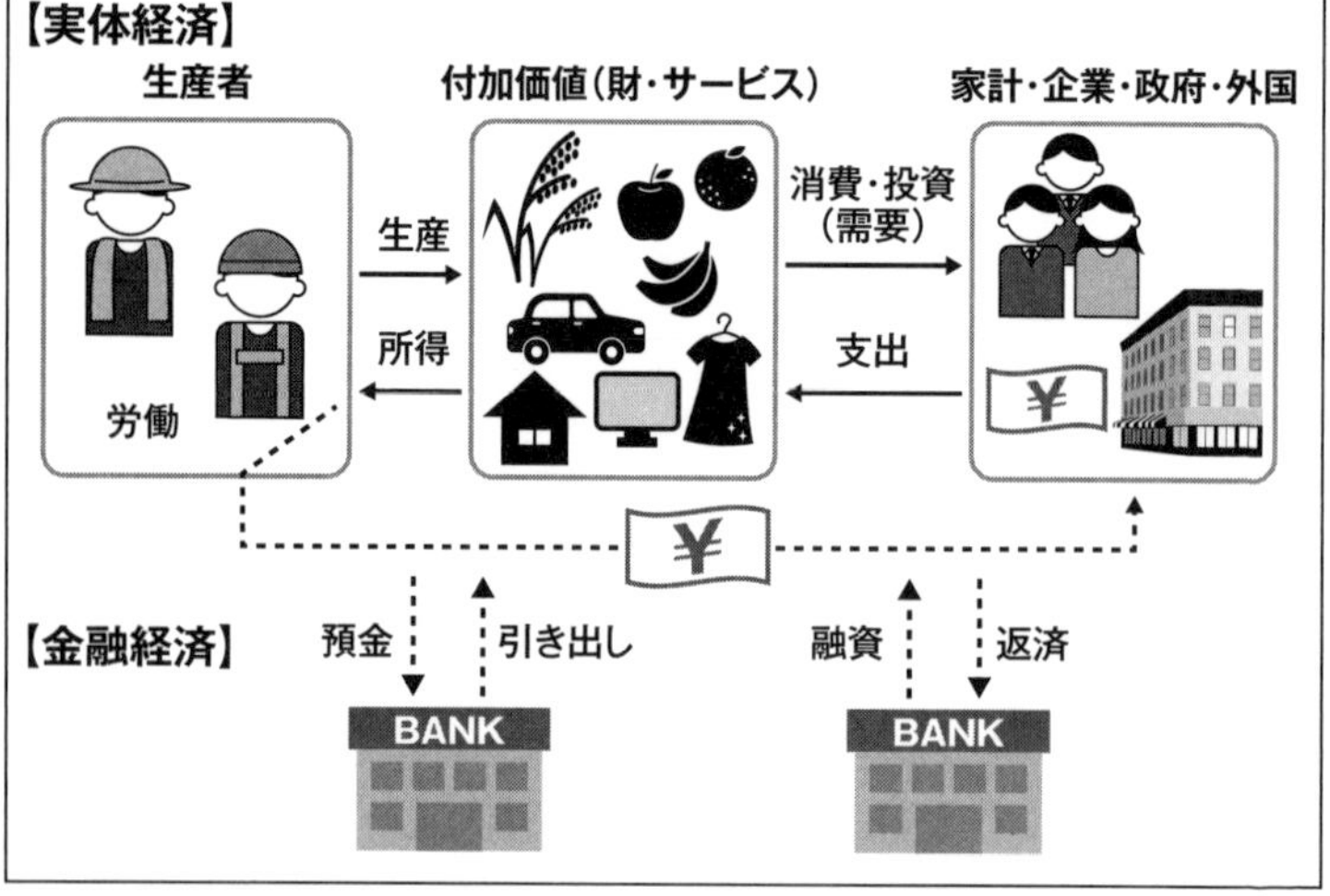

自社が生産、販売している商品の市場が拡大しているのに、供給能力の不足により、機会損失が生じていたとする。

「ならば、工場を建設しよう」

と、経営者は考えるわけだが、

「工場を建設するために、所得（利益）を貯めよう」

などとやっていた日には、商機を逃すことになる。だからこそ、企業は銀行から融資を受け、早急に工場を建設する。新設した工場で製品を生産し、販売。稼いだ所得から融資の返済や利払いを行う。

あるいは、個人でいえば、稼いだ所得を銀行に預金する（近年は給料が銀行預金の形で振り込まれるケースがほとんどだが）。銀行から現金を引き出し、消費に使う。

実体経済と金融経済、双方を合わせて「経済」なのである。

ところで、実体経済において、生産、支出（あるいは「需要」）、所得の三つは必ずイコールになる。例外はない。三つは常に同額だ。

そして、国内の生産の合計こそが「国内総生産」、つまりはＧＤＰになる。とはいえ、生産、支出、所得の三つはイコールであるため、実はＧＤＰとは国内の生産の合計であり、支出の合計であり、所得の合計でもある。

これを「ＧＤＰ三面等価の原則」と呼ぶ。

所得創出のプロセスについて理解すると、

「我々が豊かになるためには、誰かが支出をしなければならない」

ことに気がつく。豊かになるとは、所得が増えること。所得は、誰かの支出によって生まれる。支出する者は、誰でもいい。もちろん、政府が支出しても、生産者の所得が増える。これが、実体経済だ。

政府が支出を減らすとGDPは成長しない

国民経済は「誰かの支出が、誰かの所得になる」形で「横」につながっている。少なくとも、生産者と購入者の2名が存在しなければ、経済は成立し得ない。経済とはまさしく「共同体」の産物なのである。

日本には、政府の支出拡大について、

「政府は無駄遣いするな！」

と、批判する人が多いが、そもそも「無駄」の定義が不明な上に、政府が支出を減らすと、確実に誰かの所得が減る。つまりは、GDPが成長しない。

経済成長＝GDPが増えるということは、実体経済において国民の所得が拡大していくことをも意味している。もっとも、日本は90年代初めのバブル崩壊と、1997年の橋本龍太郎政権による緊縮財政（消費税増税、公共投資削減など）により経済がデフレ化し、GDPがまったく成長しない状況に突入した。

デフレーションとは、総需要の不足である。図⑧でいえば「消費と投資という支出（需要）」が不足しているのである。

バブルが崩壊すると、我々は土地や株式などの資産価格暴落に直面する。もっとも、資産価格が下落したとしても、それを購入するために銀行から借りた「融資（負債）」は消えない。結果、我々は所得を稼いだとしても、その多くを銀行への「返済」に回してしまう。

図⑧を見れば分かるが、銀行への融資返済は消費でも投資でもない。つまりは、我々の手元から貨幣が消えたとしても、誰の所得にもならないのだ（銀行の所得にもならない）。

バブル崩壊で融資の返済が増え、民間の消費や投資という「需要」が減ったタイミングで、橋本政権が緊縮財政を強行した。消費税増税は、当然ながら民間最終消費支出という需要を減らした（何しろ、消費に対する「罰金」を増やしたのだ）。さらには、公共投資（公的固定資本形成という需要）の削減を開始した。

ただでさえ、バブル崩壊で消費・投資が減少している状況で、政府自ら「民間の消費を減らす消費税の増税」や「政府の投資削減」により需要をさらに減らした。GDP三面等価の原則により、需要（支出）と所得はイコールになる。

需要の激減は、誰かの所得の縮小である。所得が減った生産者が顧客側に回ると、「カネがない」という話になるため、「次の段階」の消費や投資が減る。すると、別の生産者

図⑨　インフレギャップとデフレギャップ

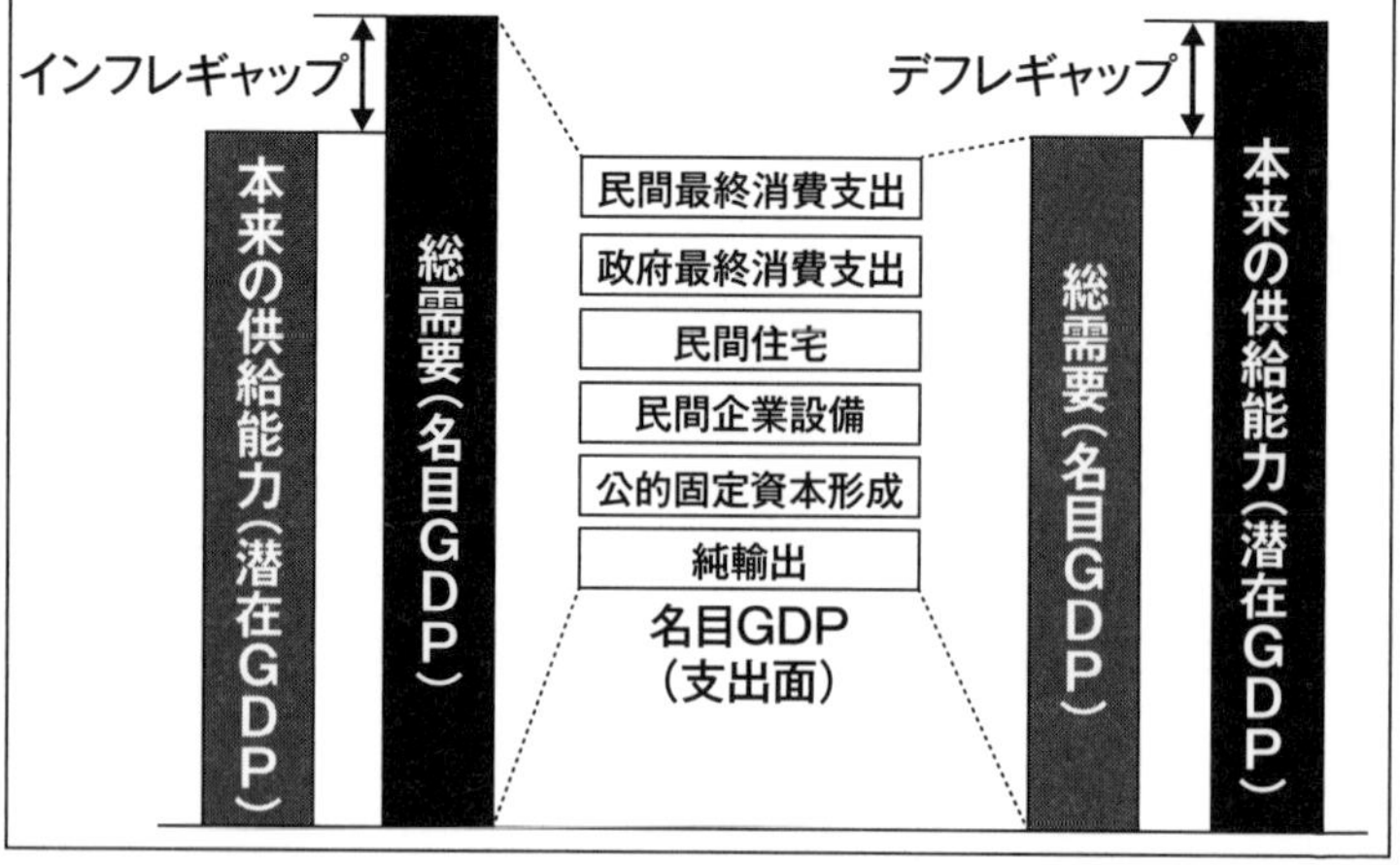

の所得が減る。その生産者が顧客側に回るという形で、総需要（＝生産＝所得）が循環的に縮小していくのが「デフレーション」なのである。

デフレーションとはしぼむ、縮むという意味である。つまりは、生産、需要、所得のパイであるGDPが小さくなっていく経済現象なのだ。需要がしぼむ＝買い手が少なくなるからこそ、普通は物価が下がる。が、「デフレ＝物価下落」ではない。「デフレ＝需要の縮小」が正しい。

GDP三面等価の原則により、GDPの縮小は所得の下落とイコールだ。そして、所得の下落は「次の需要」を減らすことになる。給与が減った人は、消費をしなくなる。つまりは、次の需要が縮小する。

デフレの国は、図⑨の右側の状況になる。過去に蓄積された投資の恩恵で、供給能力は十分にある。ところが、総需要が足りない。先述の通り、総需要とは要するにＧＤＰだ（名目ＧＤＰ）。

企業にたとえれば、

「我が社は1日に１００の生産が可能だが、顧客は90しか買ってくれない」

という状況である。

となれば、企業は工場を閉鎖し、設備を破棄。従業員を解雇し、その国の供給能力は縮小していく。さらに、解雇され、失業者となった元・従業員は、当然の話として消費や投資を増やさないため、総需要がさらに小さくなる。デフレギャップが、いつまで経っても埋まらない。

しかも、デフレ期には生産者の所得が縮小していくため、消費全体は伸びず、住宅投資という需要も低迷する。企業は企業で、何しろ市場（需要）が伸び悩むわけだ。設備投資を増やすはずもない。

デフレ期には、民間にとって「おカネを使わない」ことが合理的になってしまう。だからこそ、貨幣発行が可能な「政府」が存在するのだ。政府が国債を発行し、支出（需要）を増やすことで、総需要の不足（図⑨のデフレギャップ）を埋める。これが、過去に効果が確認された、たった一つのデフレ対策だ。

デフレなのに相次いだ増税

デフレの国はインフレ率が低いため、政府が国債を発行し、国民が生産する財やサービスを購入することで「ギャップ」を埋めても、何の問題も生じない。というよりも、埋めなければならない。

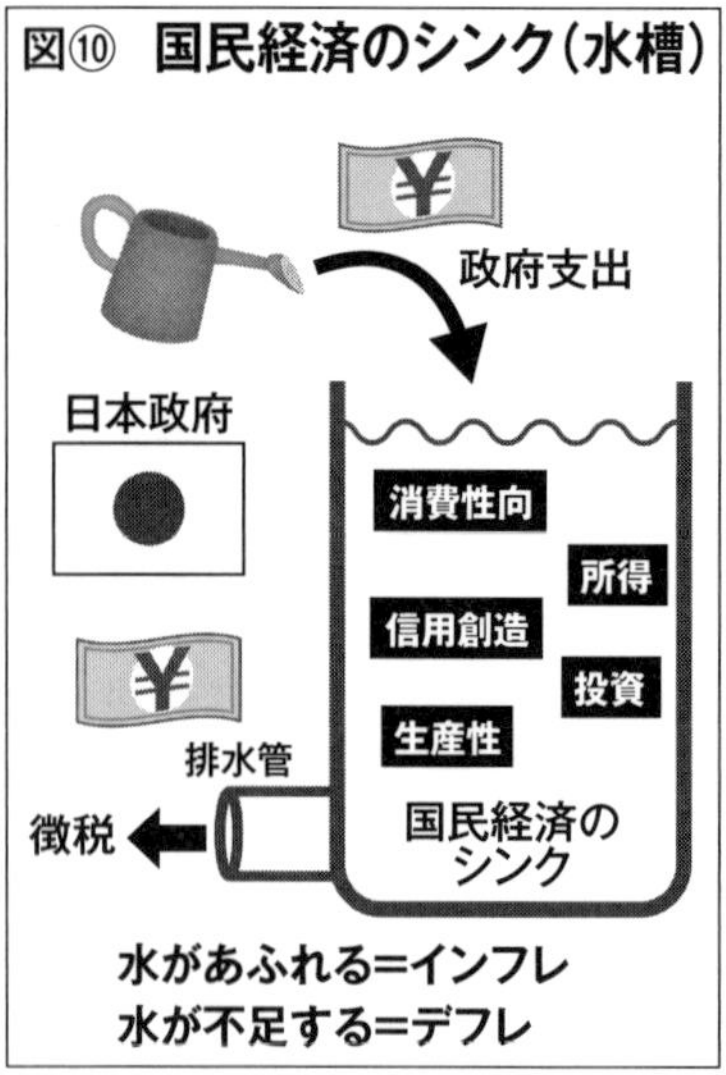

デフレ化した国の政府は、国債発行と政府支出、つまりは「財政赤字」を、ギャップが埋まるまで継続しなければならないのである。

ところが、日本政府は１９９７年以降、

デフレギャップを埋めるための本格的な財政支出の拡大には乗り出さなかった。それどころか、国民の所得を奪い取る「増税」を繰り返してきた。

国民経済は、いわば水を溜めるシンク（水槽）だ。シンクの中では、所得や消費性向（所得に占める消費の割合）、信用創造（銀行が貸し付けによって預金通貨を創造する）、投資、生産性などの変動により、水位が上がったり下がったりしている。

シンクから水があふれるほどに水位が上昇するのがインフレーションで、水がひたすら減っていくのがデフレーションである。

シンクの「大きさ」は、主に投資や生産性により変動する。シンクが大きくなる現象を「経済成長」と呼ぶ。シンクから水があふれるとは、供給能力に対し、需要が大きすぎることを意味する。

つまりは、インフレーション。逆に、シンクの水が不足するとは、供給能力に対して、需要が少ないデフレーション。

政府の役割は、シンクの水位を見ながら、必要があれば政府支出で水（貨幣）を注ぎ込み、あるいは排水管から徴税で水を抜くことである。

調整こそが政府の役割なのだ。

ところが、1997年以降の日本政府は、この「調整機能」を放棄してしまった。理由は大きく二つある。一つ目は「貨幣観の間違い」だ。そもそも、多くの国民が貨幣について正しく理解していない。結果、

「日本は国の借金で破綻する。政府は無駄遣いを減らせ。増税しろ」

という緊縮プロパガンダが蔓延し、正しい財政政策ができない。

そして、二つ目の理由が、国債という「国の借金」プロパガンダを主導した「財務省」の存在である。

現代日本における財務省は、まさに大東亜戦争末期の大本営そのものだ。

アダム・スミスの時代から間違っていた

1997年以降（あるいは1995年以降）の「日本経済の失敗」の本質は、「財務省の存在」という日本特有の事情に加え、人類全体にはびこっている「貨幣観の間違い」があある。

まずは、貨幣観の間違いを正しておこう。

そもそも、貨幣とは何だろうか。

多くの日本国民（あるいは人類）は、貨幣について「価値があるモノである」、と認識している。

信じがたい話だが、いわゆる「経済学」も貨幣について根本から認識を間違っているのである。経済学の始祖といわれているアダム・スミスの時代から間違っていたわけだ。経済学の誤った貨幣観は「商品貨幣論」と呼ばれる。

アダム・スミスは、『国富論』において、

『貨幣がすべての文明国で普遍的な商業用具となったのはこのようにしてであり、この用具の媒介によってあらゆる種類の品物は売買され、相互に交換されているのである。（『国富論』）』

と、お金を「用具」呼ばわりしている。

つまりは、物々交換経済が前提になっているわけだ。物々交換の利便性を高めるために貨幣が「交換を媒介する用具」として誕生したと書いているのである。

まず初めに、物々交換の経済が成立する。その後、「モノ」としての貨幣が生まれるという流れだが、実は一つの共同体内における物々交換経済が、成立した歴史を人類は持たない。

理由はよく考えてみれば、誰にでも理解できるほどに明白だ。

たとえば、A氏がバナナを、B氏が牛肉を生産しているとする。A氏は自らが生産するバナナと、B氏の牛肉を交換したいと考えた。

1．バナナと牛肉の生産時期が違う。ともに保存ができないため、物々交換は成り立たない。

2．B氏がバナナを欲しがっていないと、物々交換は成り立たない。

3．A氏の望む量の牛肉を切り取ると、牛が死んでしまうため、物々交換は成り立たない。

4．A氏が交換に必要なバナナを生産できなかった。物々交換は成り立たない。

と、少し考えただけでも4つの「物々交換が成立しないケース」を上げられる。

無論、商品貨幣論者は「右記の不便さを解消するために、貨幣が誕生した」と主張するだろう。だが、それ以前に「あまりにも不便」であるため、物々交換の経済自体が成立し得ないのである。

狩猟、採取、漁労が中心だった新石器時代（日本は縄文時代）を考えてみればわかる。狩猟、採取、漁労の収穫は、実に不安定だ。獲物を捕りにいったものの、収穫ゼロということは十分にあり得る。

となれば、食料不足でその「人間」あるいは「家族」は飢え死にする羽目になる。何しろ「交換」できる財を生産できていないのだ。

死にたくなければ、「人間」は共同体を構成し、「獲物が捕れない」というリスクを分かち合う必要がある。それ以外に、生き延びる方法がない。

共同体に属する男たちが狩りに行く。獲物を捕れる者もいれば、捕れない者もいる。獲物量の大小は「時の運」であると割り切り、捕った獲物を共同体で分かち合い、全体として生存確率を高めるのだ。それ以外に、長期的に生き延びる方法は存在しない。

実際には、共同体内の財・サービスの分かち合いは、以下の二つの方法で行われていた。

◆互酬：諸社会集団の構成員が、特定のパターンに従い、相互に贈与する形で互いの財に対する需要を満たす（物々交換ではない）。

◆再分配：生産された財のかなりの部分が諸社会集団の首長に引き渡され、首長は貯蔵庫で保管する。祝祭などの際に、財は集団の構成員に分配される。

物々交換は「個人」としての人間が、常に一定量の生産が可能という前提に成り立っている。とはいえ、そんな前提が成り立つはずがない。狩猟・採取・漁労時代はいうまでもなく、耕作が始まって以降さえ、天候不順だけで農産物の収穫量は激減する。

人類は物々交換ではなく互酬や再分配に依存する「生産物のシェア」により、何とか生き延びることができたのである。

ちなみに、互酬は特定の期待感や義務感に基づき、与え、返礼し合うことによって成立したケースが多い。その際の「借り」（反対側から見ると「貸し」）こそが、実は「貨幣」の始まりになったと筆者は考えるわけだが、これは推測である。

いずれにせよ、一つの共同体の内部における物々交換の経済は成立したことがない。つまりは、貨幣を「モノ」として考える商品貨幣論は前提からして間違えているのだ。

図⑪　ロビンソン・クルーソーとフライデー

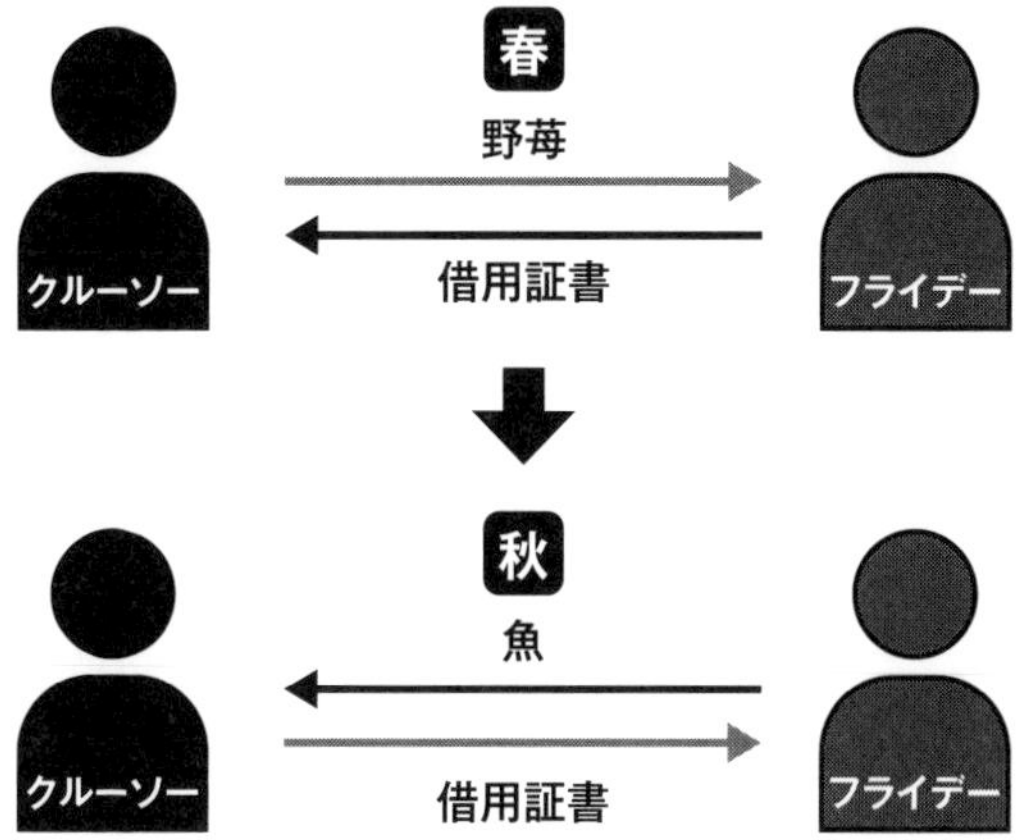

出典:【マネーの本質】なぜ、単なる「紙切れ」の紙幣で買い物ができるのか?（中野剛志）ダイヤモンド・オンライン

「借用証書」が貨幣の正体

それでは、貨幣とは何なのだろうか。イングランド銀行の季刊誌（２０１４年春号）に掲載された「ロビンソン・クルーソーとフライデー」の例を用い、改めて正しい貨幣論、すなわち「信用貨幣論」について考えてみよう。貨幣が「貸借関係」であることが如実に分かる。

現在、島にはロビンソン・クルーソーとフライデーの二人が暮らしている。クルーソーが春に野苺《のいちご》を収穫し、フライデーに渡す。その代わりに、フライデーは秋に獲る予定の魚をクルーソーに渡すことを約束する。

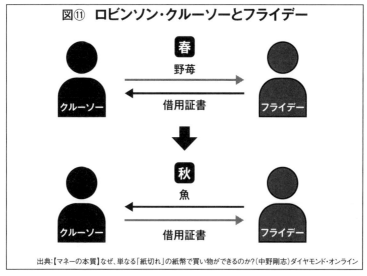

図⑫　ロビンソン・クルーソーとフライデーとサンデーとマンデー

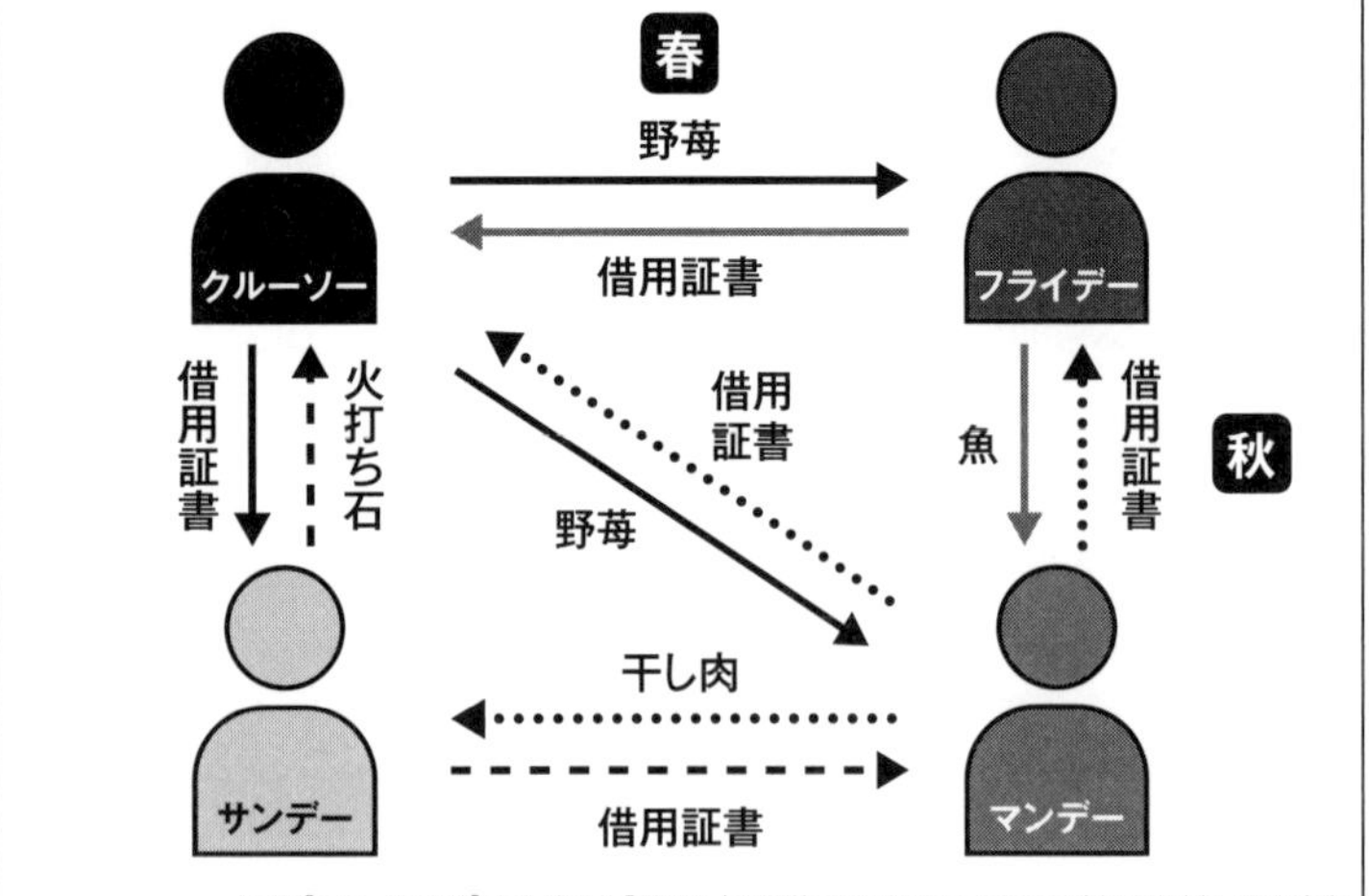

出典:【マネーの本質】なぜ、単なる「紙切れ」の紙幣で買い物ができるのか?（中野剛志）同前を改変

春の時点では、クルーソーがフライデーに対して「信用」を与えたことになり、フライデーにはクルーソーに対する「負債（＝魚）」が生じている。

バランスシート（貸借対照表）で表現すると、資産が借方《かりかた》に、負債が貸方《かしかた》に計上されるため、

●ロビンソン・クルーソー

借方	貸方
魚をもらう	純資産

●フライデー

借方	貸方
純負債	魚を渡す

と、なる。

秋になり、フライデーがクルーソーに

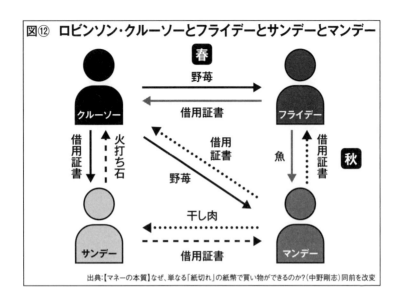

魚を渡した時点で、フライデーの「負債」は消滅する。当然、ロビンソンの「資産」も消える。

もっとも、口約束のみでは証拠が残らないため、秋にフライデーが本当に「魚」をくれるか分からない。そこで、約束をした時点で、フライデーがクルーソーに対して、「秋に魚を渡す」という「借用証書」を渡す。この「借用証書」こそが「貨幣」である。

つまりは、正しいバランスシートは、以下だ。

●ロビンソン・クルーソー

借方	貸方
借用証書	純資産

●フライデー

借方	貸方
純負債	借用証書

さて、この状況から新たに島を訪れた、サンデーとマンデーの二人に登場してもらおう。

サンデーは火打ち石を持っており、かつ「フライデーは負債を返済する」と考えている。その場合、クルーソーはサンデーから火打ち石を買う際に、野苺を渡す必要はない。フライデーが書いた「秋に魚を渡す」という借用証書を「支払う」ことで、火打ち石を手に入れることができる。さらに、サンデーは、マンデーが持つ干し肉を入手したい。マンデーもまた、「フライデーは債務不履行にならない」と考えていた場合、干し肉をサンデーに売った代金として、フライデーの借用証書を受け取る。

最終的に、フライデーの借用証書という「貨幣」は、マンデーが保有することになる。すなわち、フライデーは「秋に魚を渡す」という債務を、マンデーに対して負ったことになる。

秋になり、フライデーが「マンデーに」魚を渡すと、借用証書（負債）は破棄される。もっとも、別にマンデーはフライデーの借用証書をフライデーのところに持ち込む必要はない。春に、クルーソーから野苺を買う代金として、借用証書を使っても構わないわけだ。

注意しなければならないのは、右記は決して「物々交換の利便性を高めるための貨幣」ではないという点だ。アダム・スミスらの「物々交換の利便性を高める貨幣」は、実体を持つモノ、すなわち商業用品であった。

とはいえ、実のところ貨幣を成立させるために「モノ」は不要なのだ。貸借関係を記録できる「媒体」があればいいのである。

右記の例では、媒体はフライデーが「秋に魚を渡す」と書いた「紙」になる。無論、紙切れ自体には何ら価値がない。貨幣として価値を持つのは、あくまで紙に書かれた「貸借関係の情報」になる。

すなわち「口約束が必ず守られる」社会であるならば、貨幣は媒体に記載する必要すらないのだ。同時に、貨幣は「誰か」と「誰か」の貸し借りである。つまりは、共同体が存在しない場合、貨幣は成立しないためだ。貸借関係を結ぶ相手がいないからである。

クルーソーが無人島で孤独に生活していた時期には、貨幣は存在し得ない。貸借関係が成立しないためだ。フライデーが島に来たことで共同体が誕生し、初めて貨幣が成立する可能性が生じる。経済同様に、貨幣もまた共同体の産物だ。

ところで、図⑫の例では借用証書の保有者は、最終的には秋にフライデーのところに持ち込み、魚と交換しようとするだろう。理由は、フライデーには寿命があるためだ。フライデーが死んでしまうと、「秋に魚を渡す」という借用証書は、文字通り紙切れと化す。

しかし、国家は死なない。

「瓦礫《がれき》」でも通貨として通用する

次に、中世欧州の国王や領主たちが発行した貨幣について考えてみよう。国王や領主が、たとえば「100万ポンド金貨」を発行し、領民から財やサービスを購入したとする。この際に重要なのは、100万ポンド金貨には「100万ポンド分の金」が含まれている必要はないという点だ。1ポンド分の金を使用し、100万ポンド金貨を鋳造《ちゅうぞう》しても、一向に構わない。そもそも、金の市場価格は変動する。

十九世紀のイギリス人経済学者、ヘンリー・ダニング・マクラウドは、

≪通貨の基本的な性質はすぐに明らかになる。貨幣の最も重要な機能は、言うまでもなく、債務の価値を測定して記録することであり、ある人から別の人への移転を円滑にすることである。そして、この目的でどのような手段が選ばれたとしても、たとえ金であれ、銀であれ、紙であれ、それ以外の何であっても、それは貨幣である。したがって、「貨幣」と『譲渡可能な債務』は同義語だということが基本的な概念であると言える。つまり、あらゆる種類の譲渡可能な債務を表すものはすべて「貨幣」であり、「貨幣」となる素材は、

たとえそれがどのようなものであっても、すべて「譲渡可能な債務」を表し、それ以外の何物でもない。（『経済哲学』元老院）≫

と、語っているが、その通りだ。

金の円盤がどれだけ美しくても、金貨における貨幣は刻印された「譲渡可能な債務」という情報であり、金そのものではない。金の含有率が何パーセントであろうとも、金貨では「金属の円盤に書かれた数字」が貨幣としての役割を果たす。その点で、フライデーの「秋に魚を渡す」という借用証書と、本質的な違いは存在しない。

ところが、100%に近い人類が、金貨という「物」そのものが貨幣であると勘違いをしてしまい、貨幣のプールを構築可能と考えてしまう。結果、貨幣について「量的な限界」があるという結論を導き出す。現実には、貨幣は「債務と債権の記録」「貸借関係」という情報である。当たり前だが、情報に量的な限界、制限は存在しない。

つまりは、国王はそれこそ「瓦礫」に数字と発行元（国王）を明記し、貨幣として使用しても一向に構わないのだ。この貨幣の本質について、我々日本人の偉大なる先人である江戸時代の勘定奉行、荻原重秀《おぎわらしげひで》が看破していた。

元禄時代、金銀の採掘量が減少し、さらに貿易による金銀流出の影響で、江戸幕府は市場の貨幣需要に対応できなくなりつつあった。

そんな中、経済政策を任された荻原重秀は、貨幣について、金銀の価値に依存する必要はなく、政府が保証すれば済む話であると考えた。何と、300年以上も早く、信用貨幣論を先取りしていたのである。

荻原重秀は元禄8年（1695年）、慶長金・慶長銀を改鋳し、金銀の含有率を減らした元禄金・元禄銀を製造。日本経済のデフレ化を回避した。

しかも、元禄貨幣改鋳後の日本のインフレ率は平均3％程度で収まり、蓄財していた豪商や富裕層が貨幣価値の目減りを受け、投資を拡大。元禄景気が始まった。荻原は、

「貨幣は国家が造る所、瓦礫（がれき）を以ってこれに代えるといえども、まさに行うべし」

と語っているが、まさに貨幣の本質を突いている。

無論、国王や領主、江戸幕府が貨幣を発行し、財やサービスを買うことで需要が膨張し、インフレ率が高騰していくならば、話は別だ。物価は、財やサービスの購入、すなわち「需要」と、財やサービスを生産するための「供給能力」とのバランスで変動する。供給能力

が不足しているにもかかわらず、政府が貨幣を発行し、需要を極端に膨らませてしまうと、インフレ率が高騰し、国民生活が苦しくなる。

貨幣とは「貸借関係」の情報に過ぎない

ちなみに、政府の貨幣発行と支出が最も拡大するイベントが「戦争」だ。大戦争という事業を行っている国は、当然の話としてインフレ率が上昇していく。

現代の独自通貨国の政府による貨幣発行、すなわち、

「政府は国庫債券（国債）を発行し、支出する」

「政府が発行した国庫債券を、中央銀行が買い取る」

というシステムは、戦費調達が目的でイギリスにおいて誕生した。

1689年、名誉革命で即位したイングランド国王ウィリアム三世は、ルイ十四世が君臨するフランス王国を相手どった戦争を開始した。ナポレオン戦争の最終戦、ワーテルローの戦いにまで続く、第二次英仏百年戦争である。

1694年、イギリスは戦費を調達するために政府の銀行としてイングランド銀行を発

足させた。イギリス政府が国債をイングランド銀行に持ち込む。イングランド銀行は、国債と引き換えにイングランド銀行券を発行。軍備増強のために、イギリス政府はイングランド銀行券で各種の支払いを行う。イングランド銀行の誕生により、イギリス政府は「インフレ率を無視する限り」無限の資金調達力を手中にしたのである。

フランス革命戦争、そしてその後のナポレオン戦争は、まさに大戦争だった。450万人もの犠牲を出した大戦争を戦い抜いた以上、当たり前の話としてイギリスではインフレ率が高まったが、「インフレの原因」について大論争が勃発することになった。「地金《じきん》論争」である。

当時のイギリス（というよりも世界）では、貨幣には「金」の裏づけがなければならないとされていた。いわゆる「兌換《だかん》紙幣」だ。イギリス政府は戦費を調達するため、金の保有量を無視し、貨幣を発行していた（不換紙幣）。当時の「常識」として、金の量を無視して貨幣を発行すると、インフレ率が高騰すると信じられていた。

現実には戦争という需要が拡大したが故に、インフレ率が上昇した。ところが、古典派経済学者を中心とする地金主義者たちは、「戦時中にイギリス政府がポンド貨幣について金の兌換を外し、ポンド紙幣が流通過剰になったからインフレになった。金兌換に戻るべき」と主張。

それに対し、反・地金主義者は、「インフレの原因は、貨幣が過剰発行されたためではなく、ナポレオン戦争で需要が拡大したため」と反論。論争の結論は、

「不換銀行券制度のもとでイングランド銀行券が過剰に発行され、信用低下を招き、物価上昇を引き起こした（1810年のイギリス下院での地金報告）」

というものであった。地金主義者の勝利だ。

地金論争を受け、イギリスは1821年、ポンドの金兌換を再開。もっとも、その後は約十年ごとに金融恐慌が発生する事態になった。何しろ、金という貴金属が不足すると、貨幣を発行できなくなってしまうのだ。特に、経済が成長し、生産される財やサービスの量が増えている最中に、貨幣が不足すると、経済はたちまちデフレーションに陥り、最悪、恐慌に到る。

金兌換を復活させたにもかかわらず、イギリスでは通貨の価値が安定しなかった。それどころか、1825年と1836年に恐慌が勃発した。恐慌はなぜ起きるのか。原因と対策を巡り、またもや論争が勃発した。「通貨論争」だ。

通貨学派と呼ばれる勢力は、金貨銀貨こそが本当の貨幣であり、銀行券の発行残高を、

金貨銀貨の合計と同じにすれば、物価は安定すると、強行に主張した。通貨学派の考え方に反発した勢力（銀行学派）は、「銀行預金」もまた貨幣であり、まずは「ビジネス上の取引」が存在し、そのために貨幣が発行される。物価が上がるが故に、貨幣が発行されるわけで、貨幣が発行されたために物価が上がるというのは「因果関係が逆である」と反論した。

通貨論争における通貨学派と銀行学派の対立は、まさに「商品貨幣論」対「信用貨幣論」であり、異なる貨幣観が真っ向から衝突することになった。もっとも、論争はまたもや商品貨幣論側、つまりは通貨学派の勝利となり、イギリスは１８４４年にピール銀行条例を制定。厳格な金本位制が採用されることになった。ところが、その後も貨幣価値は安定せず、22年間で三度もピール銀行条例を停止する事態となった。

通貨論争における銀行学派の主張、

「銀行預金も貨幣」

「貨幣は取引が生じる際に発行される」

は、現代の貨幣を認識する上での根幹中の根幹である。先ほどのロビンソン・クルーソーのケースで考えてみよう。フライデーは「秋に魚を渡す」という貨幣（借用証書）を発行したが、そもそもの始まりは「フライデーがクルーソーから野苺を買う」という取引だった。取引があったからこそ、貨幣が発行されたのだ。

あるいは、国王や領主、江戸幕府の場合はどうか。国王らが政策的な理由（等）で、領民から財やサービスを購入する。だからこそ、金貨や銀貨、大判小判が発行された。まずは「取引」ありきなのである。

単なる数字を、なぜ我々は違和感なく貨幣として使っているのか。

銀行預金はどのように生まれるのか

そもそも、銀行預金とはどのように生まれるのだろうか。

「自分の銀行口座の預金は、別の誰かから振り込まれたからこそ、存在する」

と、思われた方は多いだろうが、ならば振り込んだ者はどこから銀行預金を手に入れたのか。

「現金紙幣を銀行に預けたから、銀行預金が生まれた」

のか？　現在、日本全国で流通している現金紙幣の総額は125兆円ほどだ。それに対し、銀行預金の合計金額は１８８０兆円を超す。

おかしくないだろうか？　現金紙幣を銀行に預ければ、銀行預金が生まれる「だけ」ならば、銀行預金の総額は現金紙幣総額以下にならざるを得ない。現金紙幣を銀行に預ければ銀行預金が生まれるが、逆に「現金を引き出す」と、銀行預金は消えてしまうのである。

そもそも、我々は銀行に「預ける」現金紙幣を、どのように手に入れたのだろうか。もちろん、銀行預金を「引き出す」ことで手に入れた。ならば、現金化する前の銀行預金は、どこから来たのだろうか？

銀行預金の秘密を理解すると、貨幣に関する誤解がきれいに解消されることになる。まずは、銀行預金誕生の物語を始めよう。話は、またもやイギリスから始まる。

十七世紀のイギリスは、経済が大きく発展した。当時、商人たちが使っていた貨幣は、普通に金貨、銀貨だった。

『ドン・キホーテ』を書いたセルバンテスが、短編小説『やきもちやきのエストレマドゥーラ人』の中で、

『金貨は心労をもたらすが、金貨の欠如もまたしかりである。しかしながら、後者の場合の心労はある程度の金額を手にすれば軽減するが、前者のそれは、多く持てば持つほどいっ

図⑬　ゴールド・スミスのビジネス

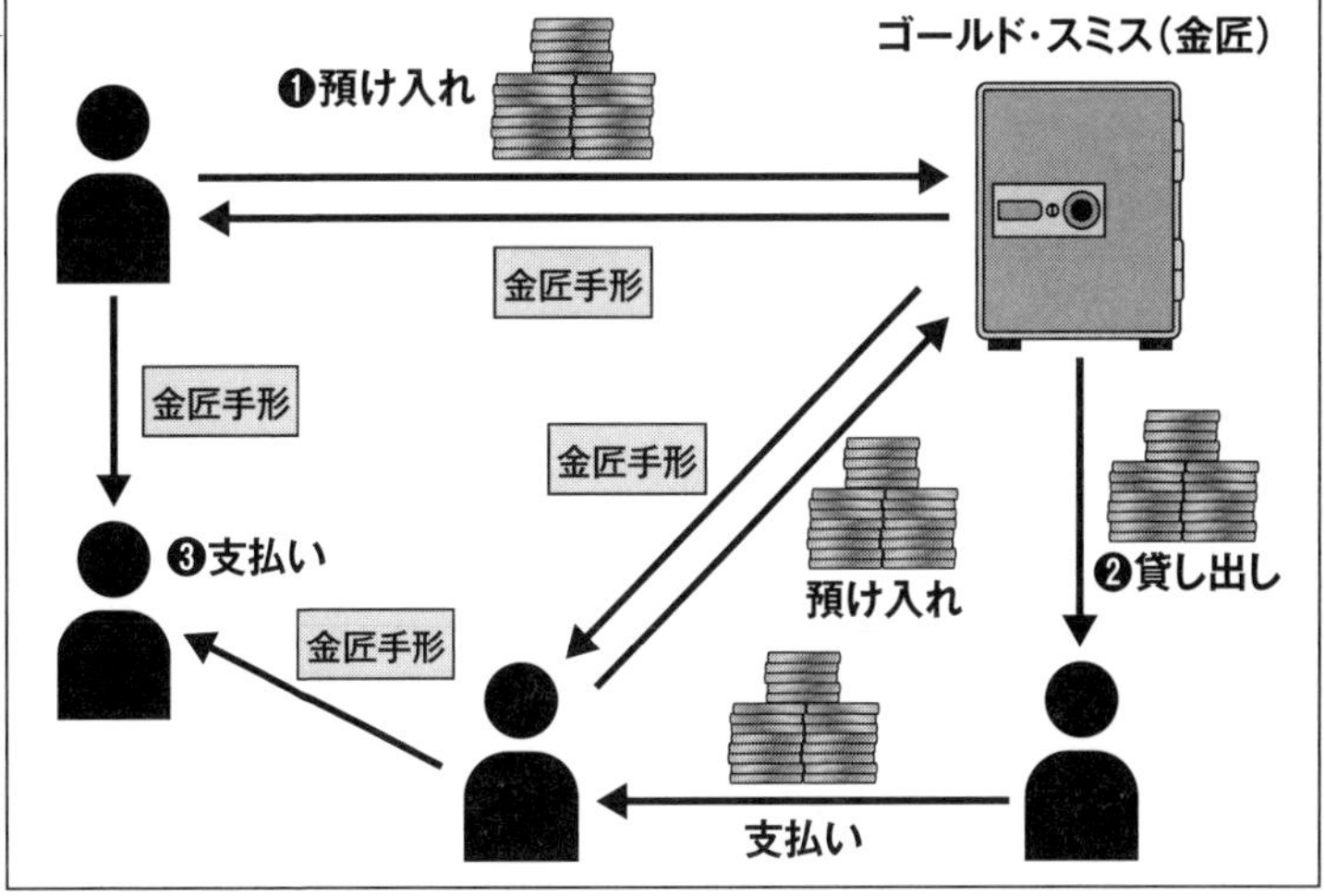

そうつのるという点に違いがある。（『セルバンテス短篇集』牛島信明編訳、岩波文庫）』

と、書いている。当時、ロンドンを中心としたイギリス商人にとって、稼いだ金貨や銀貨を「いかに保管するのか？」が重大な問題だった。金貨が「ない」という状況は、ある程度の金額を稼げば解消する。それに対し、金貨が手もとに「あり過ぎる」という悩みは、まさに多く持てば持つほど大きくなっていく。

何しろ、金貨は誰でも、どこでも使える貨幣だ。商人たちが金貨の管理を部下に任せたところ、普通に持ち逃げされるという事件が多発した。

そこで登場するのが、「ゴールド・スミス」である。ゴールド・スミスとは、特定の個人ではなく、十七世紀のロンドンで金銀の預かりビジネスを展開した金匠（金細工商人）の呼称である。

金匠の仕事は、元々は貴金属の加工や細工であった。当然ながら、金匠の職場には貴金属を保管する厳重な金庫が存在した。ゴールド・スミスは、金貨の保管に苦慮する商人たちから「預かる」サービスを始めたのだ。当然、預かり料（手数料）は発生する。

商人たちは喜んで手数料を支払い、ゴールド・スミスに手持ちの金貨を預けた（図⑬の①）。ゴールド・スミスは受け取った金貨と引き換えに、預かり証を発行した。後の、金匠手形（ゴールド・スミス・ノート）である。最も古い預かり証は、１６３３年に発行されたものが確認されている。

やがて、ゴールド・スミスたちは気がついた。自分の金庫に保管されている「他人の金貨」を、全員が一斉に受け取りに来ることはない、と。というわけで、ゴールド・スミスは「他人の金貨」を貸し出すサービスを始めたのである（図⑬の②）。

ゴールド・スミスから金貨を借りた商人は、別に「金貨を持ちたいから借りた」わけではない。当然ながら、ビジネスの取引において必要だからこそ借りたのだ。取引で支払いを受けた商人も、金貨の保管などしたくない。結局、金貨はゴールド・スミスの金庫に（マクロ的には）戻る。やがて、ゴールド・スミスは不思議なことに気がついた。金貨を預けた商人たちが、自分が発行した金匠手形で支払いをしているのだ（図⑬の③）。

考えてみれば当たり前で、取引の決済が必要な際に、買い手がわざわざゴールド・スミスのところに赴き、金貨を引き出したりはしない。というよりも、売り手側も金貨で支払ってもらいたくないのだ。双方ともに、金貨の保管に悩んでいるという立場は同じだ。

というわけで、金匠手形があたかも「貨幣」のように使われ始めた。金貨という保管や運搬に悩む貨幣を使うよりも、圧倒的に便利だ。

ここで、貨幣に関する人類史上最大のブレイクスルーが起きる。あるゴールド・スミスが気づいてしまったのである（誰だったのかは、記録されていない）。

「自分はカネを貸してくれといってくる商人に、金貨を貸し出している。だが、金貨を貸し出す必要があるのだろうか」

そこで、ゴールド・スミスは、貨幣を借りに来た者に対し、金貨ではなく、金匠手形を貸し出すようになった。借り手が現れた際に、金貨ではなく金匠手形を渡すのだ。

ゴールド・スミスは、金貨の保有量とは「無関係」に、金匠手形という「おカネ」を貸し出すことで、金利収入を得ることが可能になった。

1676年には、自分たちの身代の20倍にも及ぶ金匠手形を発行し、貸し出したゴールド・スミスがいたとのことである。20倍もの金匠手形を発行したということは、ゴールド・スミスは「誰も実際には貴金属の請求をしてこない」という前提に立っていたことになる。

万々が一、振り出した金匠手形の保有者たちが、一斉に貴金属への交換を要求してきた場合、ゴールド・スミスは破滅である。破産するのみならず、刑法犯として牢屋行きだ。

それにもかかわらず、金匠手形は発行され、イギリス社会に流通していった。それだけ、当時のイギリスで経済が成長し「おカネに対する需要」が高まっていたのだろう。

手持ちの資産（金貨など）の保有高とは無関係に、「借り手」の出現により金匠手形という貨幣が発行される。

お分かりだろうか。現在、ゴールド・スミスは「銀行」と呼ばれている。そして、金匠手形が「銀行預金」なのだ。信じがたいかもしれないが、銀行預金とは、我々が銀行融資を受ける際に、市中銀行が「我々の口座残高を増やす」ことで発行されている貨幣だ。銀行は貸し出しの際に、どこかから「資金調達」をした上で、貸し付けているわけではない。本当に、我々の口座残高の数字を増やしているだけなのである。

数字を増やすだけであるため、銀行預金は、以前は「万年筆マネー」と呼ばれていた。現在は「キーストロークマネー」だ（キーボードを叩くだけであるため）。

また、銀行預金は銀行のバランスシートにおいて、負債として貸方に計上される。たとえば、我々が銀行から3000万円を借りた際のバランスシートの動きは以下になる。

●銀行

借方	貸方
貸付金3000万円	銀行預金3000万円

●借り手

借方	貸方
銀行預金3000万円	借入金3000万円

我々の資産となった銀行預金3000万円は、どこから調達されたのだろうか。どこからも調達されていない。我々が銀行から3000万円を借りることで、貸借関係が成立。銀行が、我々の口座の数字を増やす形で、「ゼロ」から生まれた貨幣が、銀行預金

3000万円なのである。
厳密には、借り手と銀行間の貸借関係が成立したとき、

「銀行は、借り手の負債である借用証書と引き換えに、自らの負債となる銀行預金を発行する（キーボードを打つ）」

だけなのだ。二十世紀の経済学の巨人といわれるアメリカの経済学者ジョン・ケネス・ガルブレイス（1908年~2006年）は、

「お金が創り出される過程はあまりに単純なので、逆に納得しがたい」

という言葉を残しているが、貨幣の真相に「気がついた」人は、誰でも同じ感想を抱くのではないか。

銀行は、無から貨幣を発行できる。事実だ。単に、誰かが銀行から「借りる」ことで、銀行預金という貨幣が創出される。だからこそ、銀行預金の総額が現金紙幣の7倍以上になっているのだ。現金紙幣と銀行預金は、本質的には関係ない。

無論、我々が現金紙幣を銀行に「預ける」と、銀行預金が生まれる。とはいえ、それは銀行側からしてみれば、「日本銀行の借用証書」である現金紙幣を持ち込まれたことを受け、銀行預金という貨幣を生み出しているに過ぎない。

図⑭　2022年6月末時点　日本銀行のバランスシート（億円）

	借方	貸方
現金		1,251,103
日銀預け金		5,523,049
政府預金		167,874
外貨預金	34,314	
国庫短期証券	142,189	
国債・財投債	5,280,772	
その他金融資産	2,112,863	
その他金融負債		315,075
純資産		313,037
総計	7,570,138	7,570,138

出典:日本銀行

そう。現金紙幣は日本銀行の借用証書だ。だからこそ「日本銀行券」と書かれている。さらに、現金紙幣は日銀のバランスシート上では「負債」として貸方に計上されているのである。

図⑭の通り、日本銀行のバランスシートを見ると、現金（現金紙幣）１２５兆円が「負債」として貸方に計上されている。ちなみに、日本銀行は現金紙幣をいきなり発行しているわけではない。日銀が発行する「原初の貨幣」は、日銀当座預金だ。銀行などが日銀に保有する当座預金の口座残高を増やす形で貨幣を発行する。銀行が保有する日銀当座預金口座を「日銀預け金」、政府の口座を「政府預金」と呼ぶ。

各銀行は、自らが保有する日銀当座預金を「引き出す」形で現金紙幣に変える。銀行に渡った現金紙幣は、今度は我々が銀行預金を「引き出す」ことで社会に流通していく。

それでは、日本銀行はいかなるプロセスで日銀当座預金を発行するのだろうか。一般の銀行（以下、市中銀行）と同じだ。借用証書を持ち込まれた際に、売り手の日銀当座預金口座の「数字」を増やすことで日銀当座預金という貨幣を発行している。日銀が貨幣を発行する際に受け入れる借用証書とは何だろうか。ずばり、国債だ。日本政府が発行する国庫債券である。

というよりも、そもそも中央銀行は元祖であるイングランド銀行発足の時点から、政府の国債を貨幣化するために存在しているのである。日本の場合、財政法五条で「日銀の国債直接引き受け」は禁止されているが、日銀が市中銀行保有の国債を購入するのはまったく問題がない。というよりも、日銀は国債を購入しないことには貨幣（日銀当座預金）を発行できない。

当初のイングランド銀行は、イギリス政府から国債を受け入れ、イングランド銀行券という「紙の紙幣」を発行していた。とはいえ、現在はそんなことはしていない。日本銀行はデジタルデータ（日銀当座預金の数字）を増やしているだけだ。

ちなみに、日本政府が国債を発行し、調達する資金も日銀当座預金であり、我々の銀行預金ではない。政府は国債発行により日銀当座預金を調達し、支出する。もっとも、我々民間は日銀に当座預金口座を保有していない。政府が日銀当座預金で我々に支払うことは不可能だ。

誤解している人が多いが、フライデーの借用証書はともかく、現代のデジタルデータとしての貨幣は、使える人が限定される。たとえば、銀行に口座を持っていない人に銀行振り込みをすることはできない。同様に、日銀に口座を持っていない我々に、政府は「日銀当座預金」という貨幣で支払うことができない。だからこそ、政府は支出する際に、我々が口座を持つ市中銀行に対し、

「誰々の口座の銀行預金残高を増やして欲しい」

と、依頼する。市中銀行は、依頼に従い、我々の銀行預金口座の残高を増やす。もっとも、銀行預金は発行した銀行にとっては負債だ。市中銀行は政府の依頼により、自分の負債を増やさせられた。というわけで、市中銀行は清算を求め、政府が保有する日銀当座預金を（日銀が）市中銀行に移す。これで、清算完了だ。

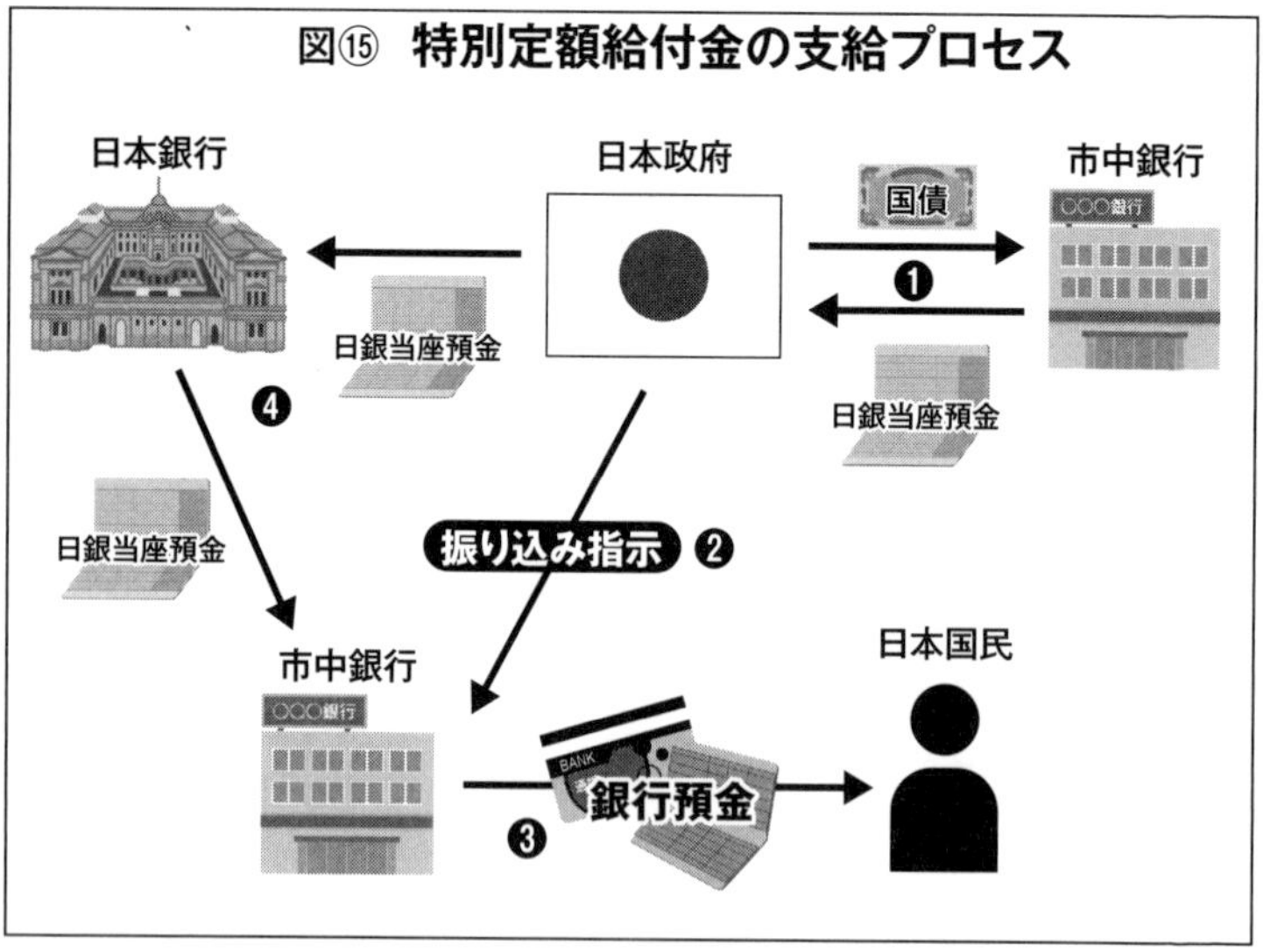

日本では「政府が国債発行で我々の銀行預金を借りている」などと、荒唐無稽な説を信じている人が少なくないが、完璧に嘘だ。というか、むしろ政府が国債を発行し、支出をすると、我々の銀行預金は増える。2020年の「特別定額給付金」により、すべての国民が経験したはずだ。

特別定額給付金の支給プロセスは、以下の通りだった。

①日本政府が国債発行で市中銀行から日銀当座預金を借りる。

②日本政府が市中銀行に、「日本国民の預金口座の数字を10万円増やせ」と振り込み指示。

③市中銀行が、日本国民の銀行預金口座の残高を10万円増やす。
④市中銀行と日本政府が、日銀当座預金で決済。

いかがだろうか。日本政府が国債を発行すると、国民の銀行預金が増える。これは、単なる事実であり、誰にも否定できない。

つまりは、我々の銀行預金という貨幣を「新たに」増やすには、二つしか方法がないのだ。一つ目は、民間（企業や家計など）が銀行からおカネを借りること。二つ目は、政府の国債発行だ。この二つしか方法がない。これが、国家の貨幣の真実だ。

国債の60年償還ルールを定めているのは世界で日本だけ

我々が銀行からお金を借りると、銀行預金という貨幣が発行される。つまりは、我々が銀行からの借り入れを返済すると、銀行預金という貨幣が消える。

実際、図⑯の通り、日本では１９９７年度以降、非金融法人企業（一般企業）が借入金を減らしていった。つまりは、銀行預金という貨幣を「返済」することで、この世から消滅させていったのである。

図⑯　日本の非金融法人企業の借入（兆円）

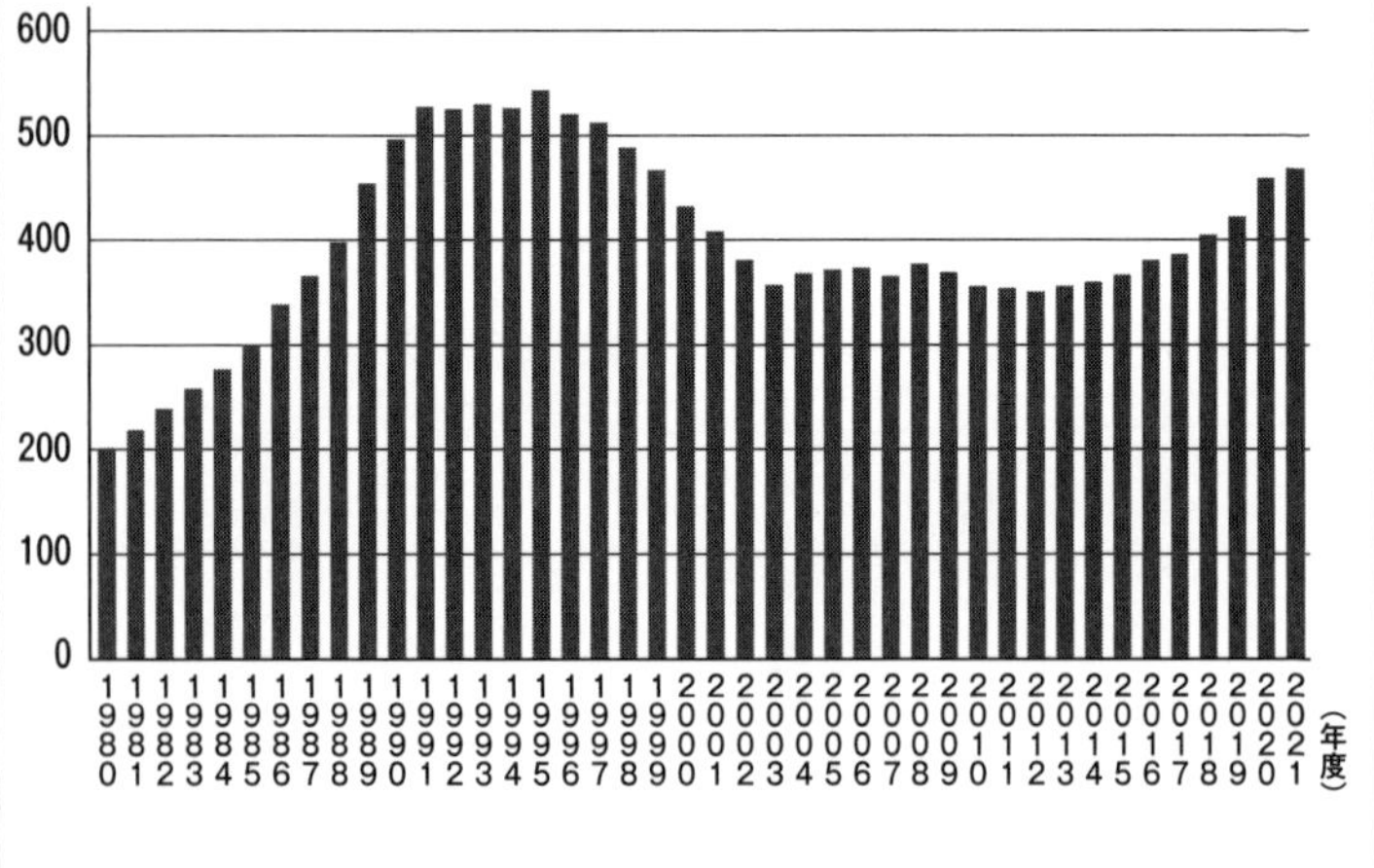

出典:日本銀行

２０１３年度以降、一般企業の借入は回復傾向を見せているが、未だに90年代のピークに戻っていない。１９９０年代以降、日本企業が消滅させてしまった銀行預金は、30年近くが経過したにもかかわらず、完全回復していないのだ。

民間が銀行から借りることで発行される銀行預金という貨幣は、「返済」により消滅する。ならば、政府が「国債発行」により発行された貨幣が消滅することはあるのだろうか。

もちろん、ある。政府が国債を償還（返済）してしまうと、我々の銀行預金という貨幣は消滅する。償還する原資を入手するために「徴税」する。政府が徴税に

図⑰　2022年6月末時点　日本国債所有者別内訳

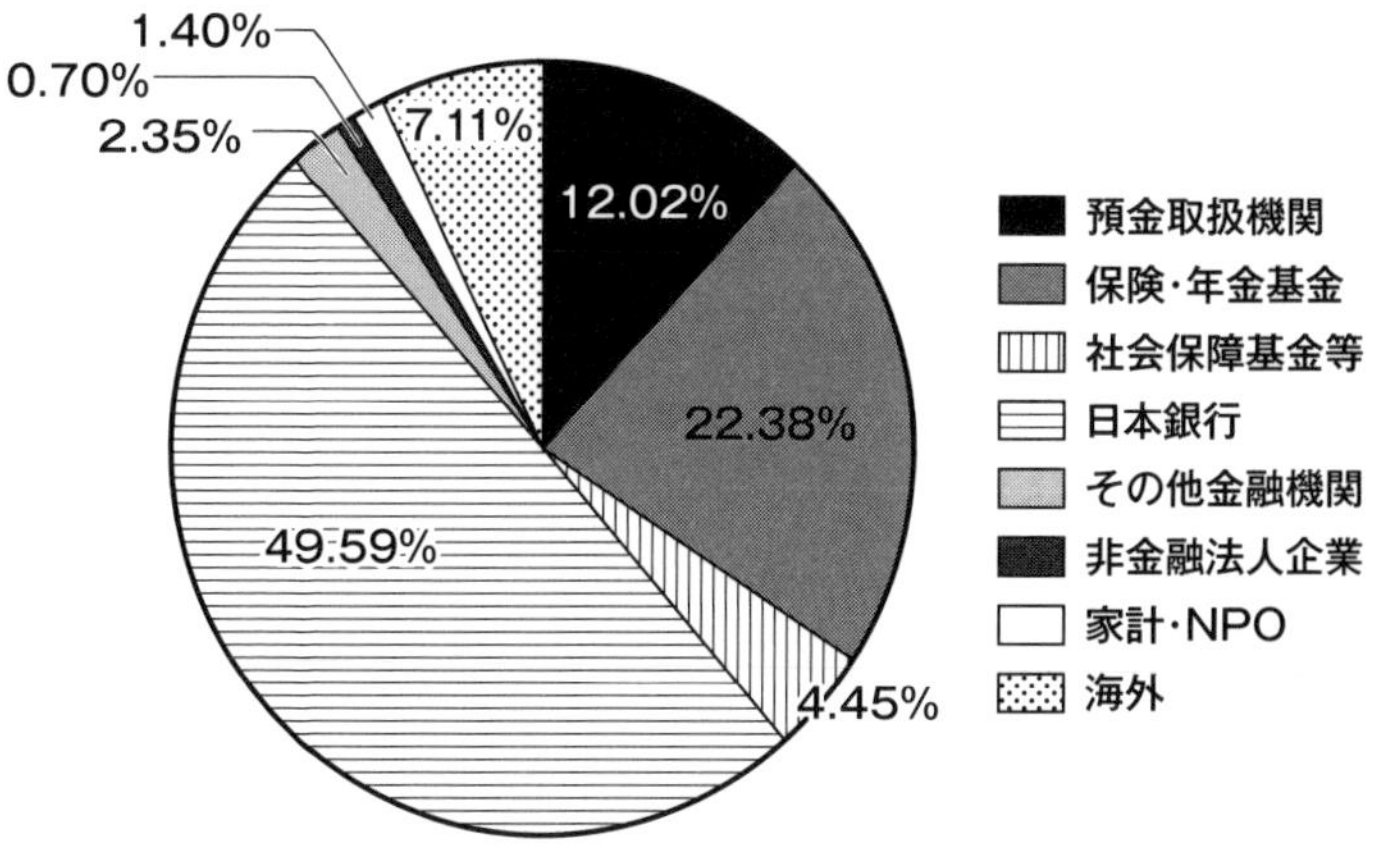

出典:日本銀行「資金循環統計」
※国債が959兆円、財政融資資金が106兆円

より我々の銀行預金を奪い取り、国債を返済すると、社会全体で貨幣が消滅する。

民間の企業や家計が「借金」を返済するのは、これは仕方がない。借金を返済しなければ債務不履行になってしまう。

それに対し、国家は国債発行という「負債増（借金ではない）」について、返済する必要はないのだ。というよりも、そもそも返済していない。国債とは、原則「借り換え」である。しかも、自国通貨建て（日本の場合は日本円建て）の国債など、中央銀行が買い取ってしまえば返済や利払いの必要は消滅する。中央銀行は政府の一組織である。日本の場合、日本銀行の株式（厳密には出資証券）の

55％を日本政府が保有している。

日本銀行は日本政府の「子会社」である。親会社－子会社間のおカネの貸し借りや利払いは、連結決算で相殺される。その日本銀行が、すでに国債の半分を保有しているのだ（図⑰）。日本銀行が保有する国債は、日本国消滅の日まで延々と借り換えされていくことになる。財務省はメディアを活用し、「国の借金1000兆円！」と煽《あお》り続けているが、実はその半分は「返済も利払いも不要な負債」なのである。

さらに、民間の銀行等が保有する国債についても、基本的には借り換えされる。だからこそ、「日本を除く」諸外国は国債の「償還ルール」など定めていない。

自民党の「責任ある積極財政を推進する議員連盟」が2022年10月20日、10月末をめどに政府がまとめた総合経済対策に向けた提言をまとめた。同時に、議員連盟は極めて重要な「日本の財政運営を国際標準に是正する提言」も提出しているのだが、こちらはまったく報じられなかった。少し長いが、非常に重要な文章であるため、そのまま引用する。

『【日本の財政運営を国際標準に是正する提言 令和4年10月20日】

財政法第4条は赤字国債の発行を禁じており、この条項は日本が再び戦争を行うことが

できないよう、戦勝国により付されたものと考えられている。

我が国では特別措置法により特例国債を発行し財政運営を行うことが常態化しているが、世界各国が新型コロナ感染症から国民の生命と経済を守るため国債を大量に発行し、我が国以上に財政支出を拡大していることを鑑みると、当然の対応と言える。日本の財政はドーマー条件（編集部注※利子率と経済成長率を比べた財政の安定条件）を満たしており、今後も経済成長に全力を傾注し、債務残高対GDP比を下げることが重要であり、CDS（編集部注※クレジット・デフォルト・スワップ。企業の債務不履行に伴うリスクを対象にした金融派生商品で、対象となる企業が破綻し金融債権や社債などの支払いができなくなった場合、CDSの買い手は金利や元本に相当する支払いを受け取るという仕組みのこと）の数値を見ても財政破綻の確率は皆無に等しい。

世界各国と日本の最も大きな違いは、我が国だけが一般会計予算歳出に国債費を計上していることであり、世界各国が利払費のみを計上していることと比して特異な状況にある。

その根本には、世界で唯一日本だけが60年償還ルールを適用していることにある。

国債償還については我が国も世界各国と同様に借換債により償還しており、日本独自の償還ルールを廃止し、世界標準に是正することに何ら不都合が発生しないことは明らかである。

財政の硬直化が顕著な現状を適正化するために、日本独自の60年償還ルールを見直し、

フランス	ドイツ	イタリア
・歳入:2,079億€ ・歳出:2,960億€ ・財政収支:▲881億€ (GDP比▲4.3%)	・歳入:2,839億€ ・歳出:3,067億€ ・財政収支:▲228億€ (GDP比▲0.9%)	・歳入:4,630億€ ・歳出:5,101億€ ・財政収支:▲471億€ (GDP比▲3.0%)
予算は一般予算、附属予算、特別勘定に区分して策定され、予算法として議決される	予算はすべて連邦予算として策定され、予算法として議決される	予算はすべて国家予算として策定され、予算法として議決される
公債の発行・償還ともに予算に計上されず、予算は不均衡	公債の発行(新発債)は予算に計上され、予算は均衡	公債の発行・償還ともに予算に計上されず、予算は不均衡
予算法		財政法
法律上の制限なし		
予算法に規定	予算法に規定(上限額はドイツ基本法で規定)	財政法に規定
前年度末に経済財政産業省が発行総額を決定・公表し、全体計画は無く債務管理庁が入札の都度、年限・発行額等の詳細を一週間前に決定、公表	前年度末に債務管理庁が決定・公表し、四半期毎に改めて公表	前年度末に経済財政省が次年度の公的債務管理の指針及び入札日を公表し、毎月、経済財務省が発行額を決定・公表し、全体計画は無く、入札の都度、年限・発行額等の詳細を一週間前に決定、公表
(新規／借換、建設／赤字等の)区別なし		
法律上禁止		
財政黒字になれば償還(明示的なルールなし)		
国債発行により調達		

出典:財務省「諸外国の債務管理政策等について　平成27年4月17日」

図⑱ 諸外国の債務管理（公債制度編）

		日本	アメリカ	イギリス
財政状況（2012年）		・歳入：49兆6,222億円 ・歳出：97兆872億円 ・財政収支：▲47兆4,650億円（GDP比▲10.0％）	・歳入：2兆4,501億＄ ・歳出：3兆5,371億＄ ・財政収支：▲1兆870億＄（GDP比▲7.0％）	・歳入：5,438億£ ・歳出：6,555億£ ・財政収支：▲1,117億£（GDP比▲7.1％）
予算制度	（会計区分、議決の有無）	予算は一般会計予算及び特別会計予算として策定され、議決される	予算はすべて統合予算として策定され、予算法として議決される	予算は一般会計（統合国庫資金）と国家貸付基金（統合国庫資金のファイナンス勘定）等に区分して策定（一般会計は議決を受けるが、国家貸付基金は議決対象外）
	（収支尻）	公債の発行・償還（「借換債」を除く）ともに予算に計上され、予算は均衡	公債の発行・償還ともに予算に計上されず、予算は不均衡	
公債発行の根拠、制限等	（発行根拠法）	財政法、特例公債法	第二自由公債法（残高上限規制が事実上の根拠法となっている）	なし
	（残高制限）	法律上の制限なし	第二自由公債法で規定	法律上の制限なし
	（年間発行額の制限）	予算に規定	債務上限の範囲で自由に発行	なし（財務大臣の裁量で自由に発行）
	（発行計画）	12月頃に財務省が決定、公表	四半期毎に財務省が翌四半期の銘柄、入札日を決定、公表し、入札の都度、発行額等の詳細を一週間前に決定・公表	前年度末に財務省が発行総額を決定・公表し、全体計画は無く債務管理庁が入札の都度、年限・発行額等の詳細を一週間前に決定・公表
	（使途の区別）	新規／借換、建設／赤字等の区別あり	（新規／借換、建設／赤字等の）区別なし	
中央銀行による公債引受		法律上禁止。ただし、「日銀乗換」の例外あり	法律上禁止	慣習上行われていない（法律上の禁止規定なし）
国債の償還	（償還ルール）	財政赤字でも償還（一般会計からの繰入により60年かけて公債（建設、特例）を償還（60年償還ルール））	財政黒字になれば償還（明示的なルールなし）	
	（借換財源）	「借換債」の発行、一般会計からの償還費の繰り入れにより調達	国債発行により調達	

利払費だけを一般会計予算に計上することとし、国際標準と同様の予算編成を行うよう強く求める。これにより財政の弾力性を確保し、増税なき防衛費の拡大を行うべきである。』

ほとんどの日本国民は「責任ある積極財政を推進する議員連盟」が何をいっているのか、理解できないかもしれない。前述したように、世界において、国債を「償還する」という前提で「償還ルール」を設けているのは、日本だけだ。2015年に「財務省」が公表した178～179ページの図⑱を見て欲しい。

重要なのは「国債の償還（償還ルール）」の部分である。国債の償還ルールについて、日本は、

『財政赤字でも償還（一般会計からの繰入により60年かけて公債（建設、特例）を償還（60年償還ルール））』

となっている。それに対し、「日本以外の国々」は、

『財政黒字になれば償還（明示的なルールなし）』

だ。何しろ、国債発行とは政府による貨幣発行なのである。政府が国債を発行し、支出をすることで民間に貨幣（現在は銀行預金）が供給される。国債を償還する場合、その原

資のために政府が徴税で我々民間の銀行預金を奪い取る形になる。つまりは、国民を「貧乏にする」ことになるわけで、どこの国も（日本以外は）そんな意味不明な「害悪」にしかならないことは考えていない。

ちなみに、政府が財政黒字になる状況とは、民間が市中銀行から過度に貨幣（銀行預金）を借りていることを意味する。具体的には「バブル経済」の時期だ。

バブルが発生し、需要が拡大している経済環境において、政府が財政黒字を「支出」してしまうと、インフレが加速しかねない。というわけで、財政黒字分で国債を償還することは合理的だ。

次に『国債の償還（借換財源）』であるが、日本は、

『「借換債」の発行、一般会計からの償還費の繰り入れにより調達』

となっている。それに対し、日本以外の国は、

『国債発行により調達』

で、終わりである。国債とは、基本的には借り換えされる（実は日本も同じだ）。借り換えが必要な際、諸外国は単に国債を発行して借り換えてしまっているのだ。それに対し、日本はわざわざ一般会計に国債償還費を繰り入れている。これが、大変な問題を引き起こ

図⑲　令和3年度　一般会計予算

(単位：億円)

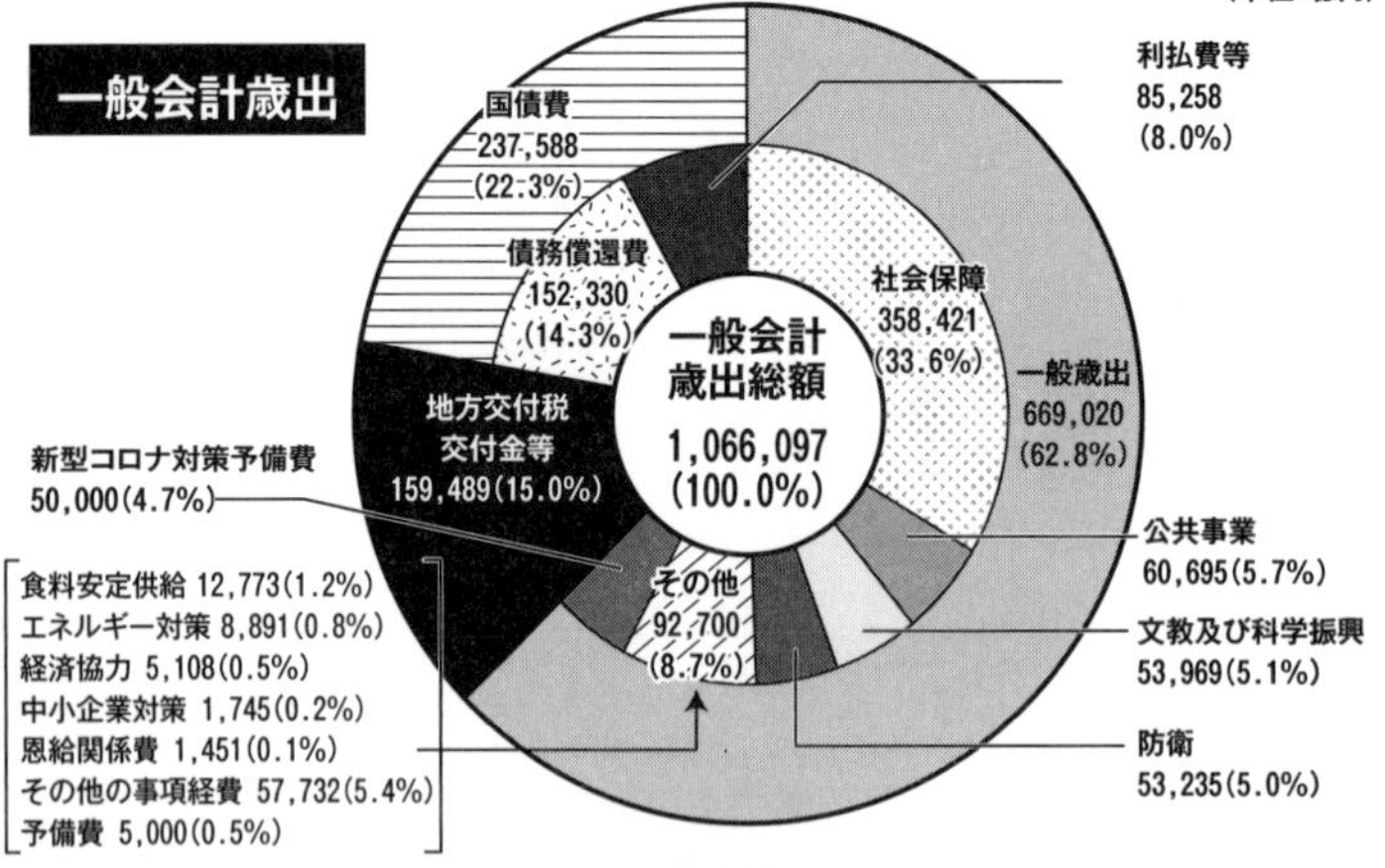

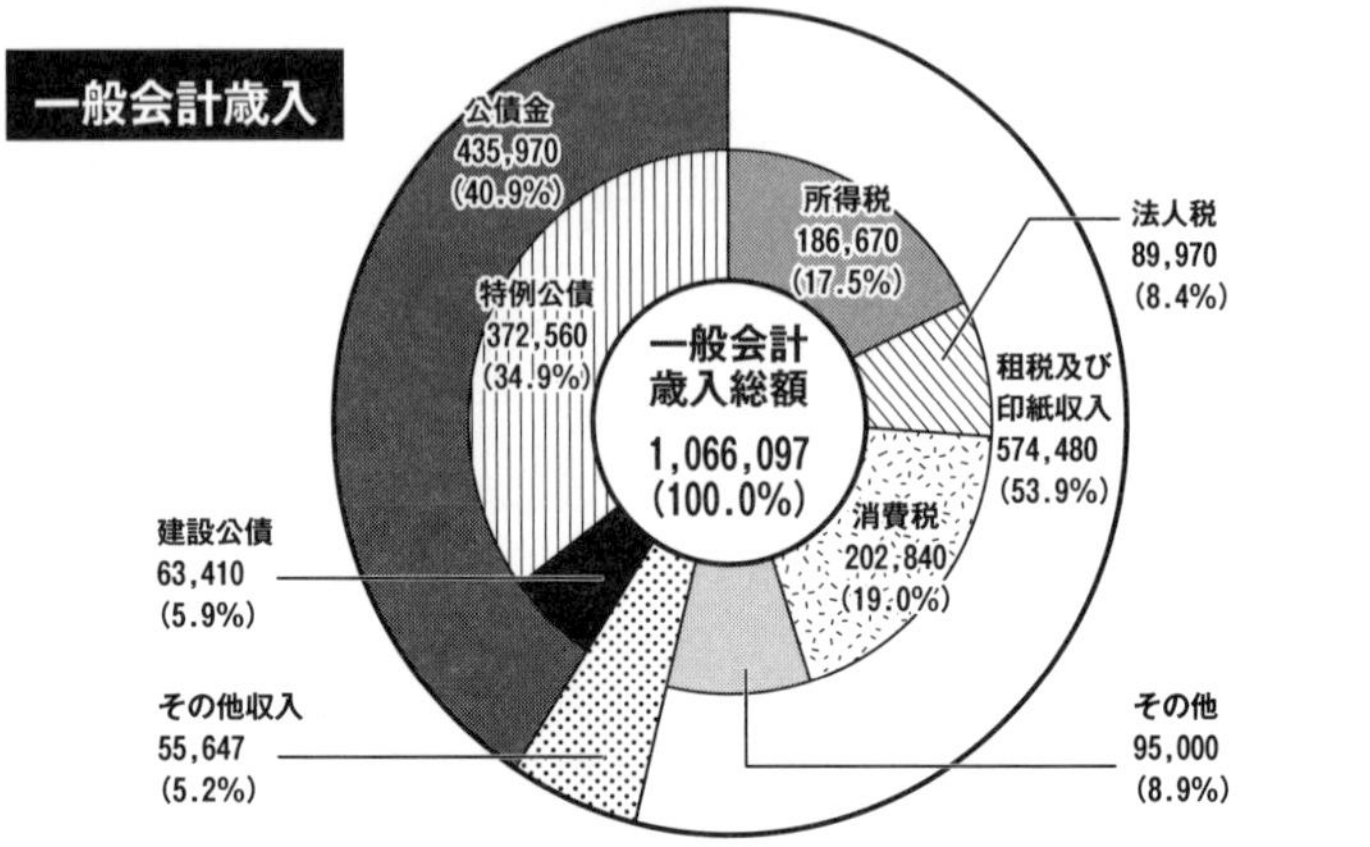

※「一般歳出」とは、歳出総額から国債費及び地方交付税交付金等を除いた経費のこと。
※「基礎的財政収支対象経費」(=歳出総額のうち国債費の一部を除いた経費のこと。
当年度の政策的経費を表す指標)は、833,744 (78.2%)

(注1) 計数については、それぞれ四捨五入によっているので、端数において合計とは合致しないものがある。
(注2)一般歳出における社会保障関係費の割合は53.6%。
(令和4年度も同様)

出典:財務省

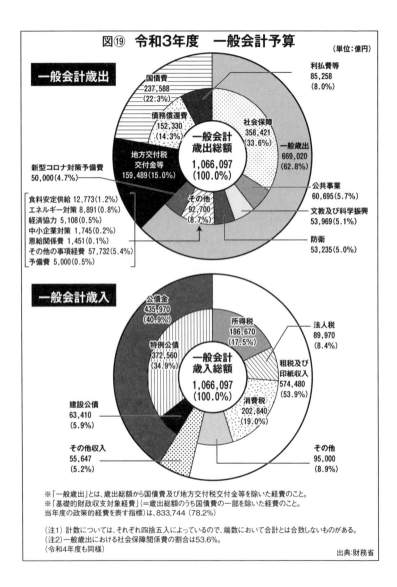

図⑳ 令和4年度 一般会計予算

(単位:億円)

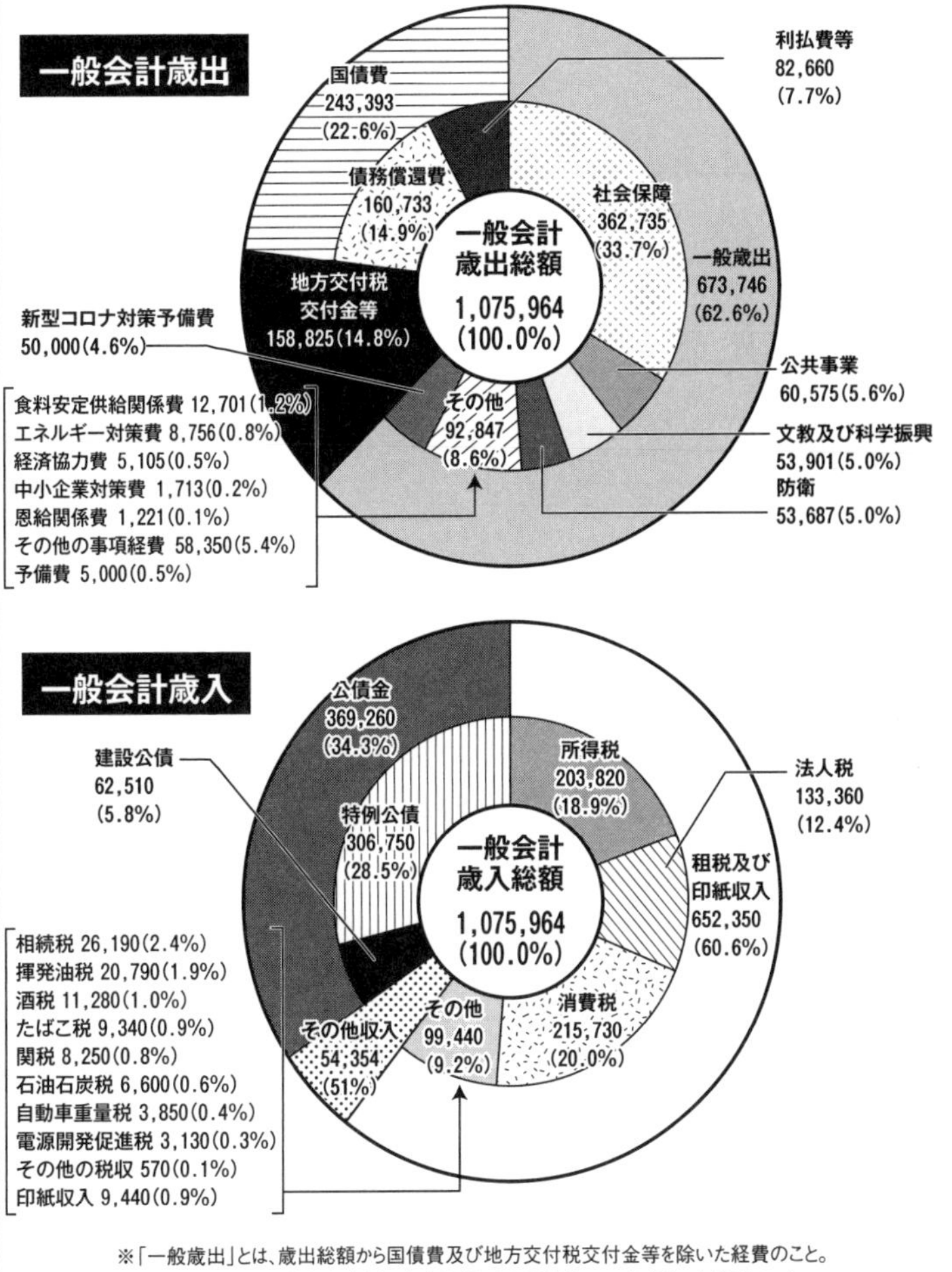

※「一般歳出」とは、歳出総額から国債費及び地方交付税交付金等を除いた経費のこと。
※「基礎的財政収支対象経費」(=歳出総額のうち国債費の一部を除いた経費のこと。当年度の政策的経費を表す指標)は、837,166(77.8%)

出典:財務省

している。

他の国々は、利払い費のみである。国債とは借り換えされるものである以上、当然である。図⑲は、日本の令和3年度一般会計予算だ。一般会計歳出の方に、国債償還費が15・2兆円計上されているのを確認して欲しい。次に、図⑳の令和4年度一般会計予算。国債償還費はさらに増えて16・1兆円になっている。

一般会計歳出の伸びは2000億円に過ぎなかった

日本の財務省は「60年償還ルール」に基づき、国債発行残高を60で割った数字を「国債償還費」として一般会計歳出に計上し続けている。すると、どうなるか。

結局のところ、日本においても国債の発行残高は増えている。となれば、増え続ける国債発行残高を60で割った数値も増える（当たり前だが）。

令和3年度から4年度にかけ、一般会計歳出は106・6兆円から107・6兆円へと1兆円増えている。信じがたいことに、1兆円の歳出増加額の内、何と8000億円が「債務償還費」の増加分なのだ。前述の通り、国債償還費は、15・2兆円から16・1兆円へと増

図㉑　日本国債種別発行残高（兆円）

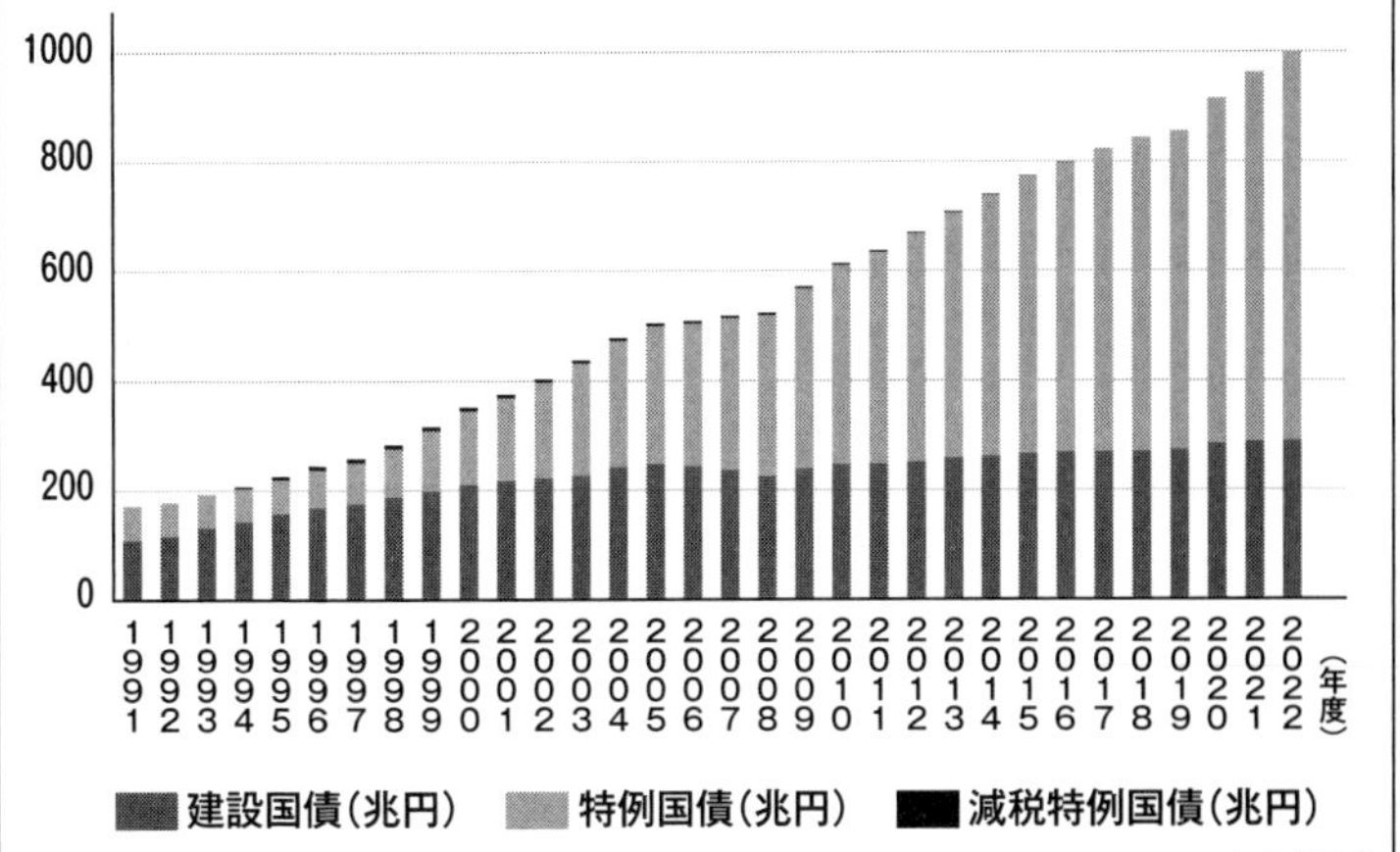

出典:財務省
※2022年度は見込み値

加している。一般会計歳出増加分の内、8割が国民経済に何の影響もない債務償還費分。債務償還費が増えたところで、国民には何の恩恵もない。

一般会計に計上された債務償還費は、そのまま特別会計に移され、国債の借り換えに使われるだけだ。国民に対する支出にならない債務償還費の増加分が、令和3年度から4年度にかけた歳出増の「8割」を占めている。

これこそが、まさに自民党の「責任ある積極財政を推進する議員連盟」が提言で指摘していた「財政の硬直性」なのである。令和3年度から4年度にかけた一般会計歳出の伸びは、実際には

「2000億円」に過ぎなかったのだ。総額は1兆円増えているが、内、8000億円は特別会計に移し、国債借り換えに回るに過ぎない債務償還費だ。

そもそも、日本政府は国債の償還などする必要がない。百歩、いや一億歩譲って、民間の市中銀行などは国債の借り換えに応じないかもしれない。ならば日本銀行が国債を買えばいい。政府の（事実上の）子会社の日本銀行が、国債の借り換えを拒否するなどという事態はあり得ない。

図㉑の通り、財務省の緊縮財政至上主義の下でも、結局のところ国債発行残高は増えていっている。増え続ける国債発行残高を60で割り、一般会計に債務償還費として計上する。当然の話だが、債務償還費は増加を続け、「国民のための支出」を妨害する。

財務省は、なぜこのような無意味というよりは「有害」なことをやっているのだろうか。実は、日本は法律で公共事業目的の建設国債以外の国債を発行できないように「されてしまっている」のだ。

『財政法　第四条　国の歳出は、公債又は借入金以外の歳入を以て、その財源としなければならない。但し、公共事業費、出資金及び貸付金の財源については、国会の議決を経た

金額の範囲内で、公債を発行し又は借入金をなすことができる。』

さらに、財政法第五条は、中央銀行（日本銀行）による国債の直接引き受けを禁じている。

『第五条　すべて、公債の発行については、日本銀行にこれを引き受けさせ、又、借入金の借入については、日本銀行からこれを借り入れてはならない。但し、特別の事由がある場合において、国会の議決を経た金額の範囲内では、この限りでない。』

財政法が建設国債以外の発行を禁じているため、日本政府は毎年「特例公債法」を成立させ、いわゆる「赤字国債」を発行している。そもそも、建設国債だろうが赤字国債だろうが、

「政府が貨幣を発行し、支出し、国民の資産（銀行預金）を増やす」

というオペレーションに過ぎない（余談だが日本国債は「国債」としか記されていない。どこを見ても「建設」「赤字」などという言葉はない）。それにもかかわらず、日本政府は

表向き（建設国債以外の）国債を発行できない状況に置かれている。しかも、国債発行に際しては「60年で償還する」という建前になっており、毎年、律義に一般会計に「国債償還費」を計上し、予算を縛っているのだ。

ＧＨＱ（連合国軍最高司令官総司令部／終戦当時の日本の主権者はＧＨＱ）が財政法四条、五条を日本に押しつけたのは、

「日本を二度と戦争ができない国に貶《おとし》める」

という理由があったとしか考えられない。元々、国債と中央銀行による国債買い取りという仕組みは、イングランド王国が「戦争遂行」のために編み出したシステムだ。安全保障の需要が膨張する「戦争」を戦うためには、国債発行や中央銀行の国債買い取りという仕組みが欠かせない。逆にいえば、国債発行を封じ、中央銀行の国債買い取りも禁止すれば、その国は戦争することができなくなってしまう。

ちなみに、財政法制定時の直接の起案者とされている平井平治《ひらいへいじ》氏（当時、大蔵省主計局法規課長。実際にはアメリカの指示によるものだろうが）は、法律の主旨について、

『戦争危険の防止については、戦争と公債がいかに密接不離の関係にあるかは、各国の歴

史をひもとくまでもなく、わが国の歴史をみても公債なくして戦争の計画遂行の不可能であったことを考察すれば明らかである、……公債のないところに戦争はないと断言しうるのである、従って、本条（財政法第四条）はまた憲法の戦争放棄の規定を裏書き保証せんとするものであるともいいうる（解説書『財政法逐解説』１９４７年）』

と、発言している。

確かに、国債を発行しなければ、戦争はできないが、国債を発行しなければ「戦争は起きない」という話ではない。むしろ、日本が国債を発行せず、防衛費を抑制し続け、東アジアの軍事バランスが崩れると、戦争が起きる。「戦争をさせない」ために制定された財政法四条が、東アジアに戦争の危機をもたらしているというのが現実だ。

プライマリーバランスの黒字化は国民貧困化につながる

国債の60年償還ルールに加え、財務省は国債関連費以外の収支を均衡させる「プライマリーバランス（基礎的財政収支）の黒字化」にこだわり続ける。当たり前だが、誰かの黒字は、誰かの赤字になる。図⑮（172ページ）の「特別定額給付金の支給プロセス」で考えてみよう。国民全員に10万円を支給するために、政府は国債を発行し、12兆円強の赤字になった。まったく同じ金額分、国民の銀行預金が増えた。つまりは、国民一人当たり10万円の黒字になった。

政府の赤字は、国民の黒字なのである。誰も赤字にならず、全員が黒字化することは、少なくとも地球上ではできない。

実際に、日本政府がプライマリーバランスの赤字を圧縮していくと、その分、国民の黒字が減る。つまりは、国民の赤字化（貧困化）が進む。

プライマリーバランス黒字化目標とは、国民赤字化目標にほかならない。ちなみに、プライマリーバランス黒字化などという「奇妙な目標」を立てているのも、世界で唯一、日本国だけだ。

国債の60年償還ルールや、プライマリーバランス黒字化目標といった間違った目標、手法が延々と継続している根底には、財政法四条があるわけだ。

財政法は、日本がＧＨＱ（要はアメリカ）の占領下に置かれていた１９４７年に制定された。他国の占領下で定められた法律に、財務省は異様なまでに固執し、日本国に緊縮財政を押しつけ、国力を奪い、国民を貧困化させている。まさに、「経路依存性」（116ページ参照）。

銃剣白兵戦術や艦隊決戦に固執した、旧・帝国陸海軍を思い起こさせないだろうか。国際環境や、国内の経済状況がどのように変化しようとも、それまでのやり方にしがみつく。結果ではなく、緊縮財政というプロセスを評価する。

財務省が緊縮財政にこだわることで、日本は十分な財政支出を行えず、あるいは増税が繰り返され、デフレーションという「総需要不足」が続いている。

しかも、財務省は日本語の抽象性という特性を活用し、「国の借金」といった言葉を用い、国民を煽る。

「国の借金1000兆円突破！」「国民一人当たり1000万円の借金」

といった新聞の見出しや報道番組を目にすることも多いだろう。

そもそも「国の借金」という統計データは存在しない。正しくは「政府の負債」（岸田総理は2023年の通常国会でようやく認めた）である。

いわゆる「国の借金」のほとんどは、国債発行残高だ。つまりは、政府による国民経済への貨幣供給の履歴だ。政府が国債を発行すると、確実に支出されるため、国民経済のシ

図㉒　政府債務の金額（名目値）及び実質残高（2015年基準）の推移（億円、1872～2015年）

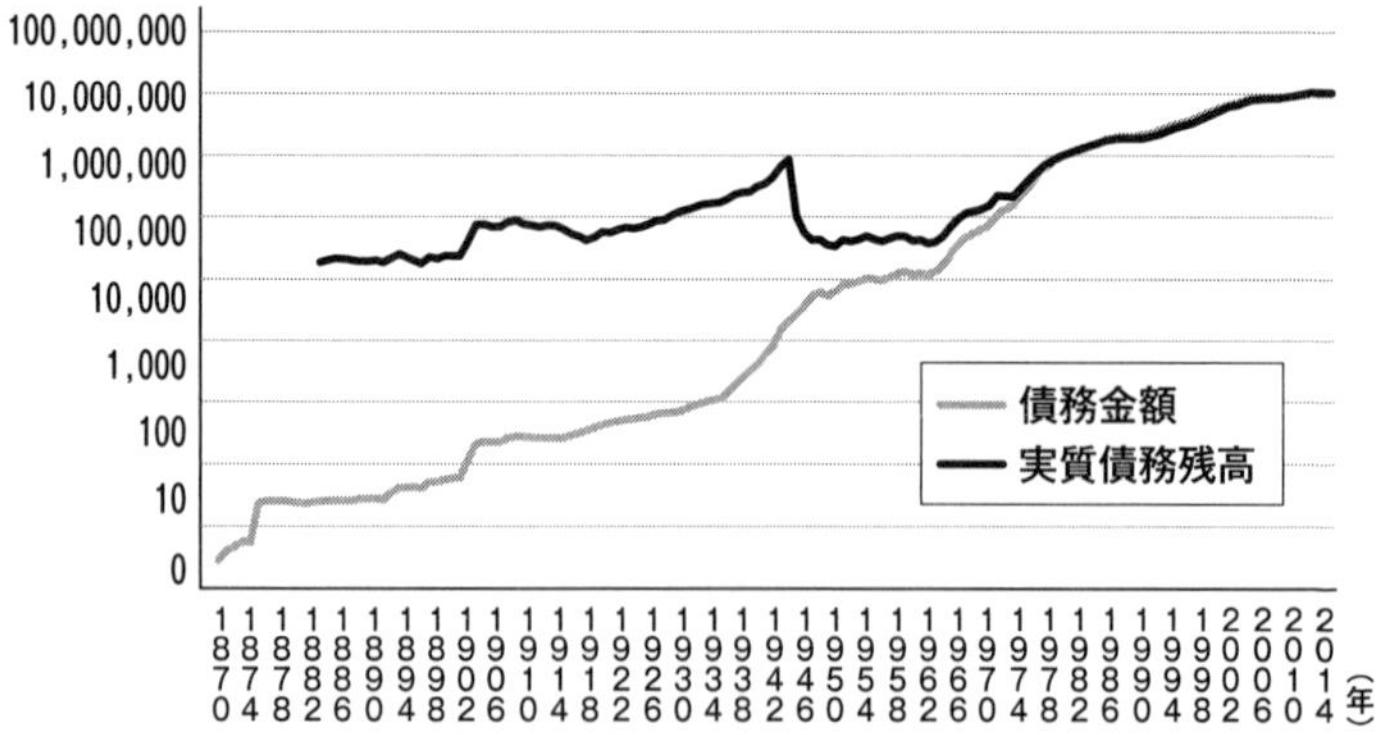

出典：（株）クレディリセゾン主任研究員・島倉原氏が財務省、総務省、日本銀行、内閣府、大川一司他著『国民所得（長期経済統計-推進と分析1）などのデータから作成。
実質債務残高計算時の物価はGDPデフレーターを使用

ンクへの「水＝貨幣」の供給が増える。

国債発行とは決して「借金」ではない。

国債や政府の長期債務が、我々の「借金」と同じならば、確かに「返済（国債の償還）」が必要になる。借りたものは、返さなければならない、と、普通の人は考える。

だが、国債は「借金」ではない。この事実は、一枚のグラフで簡単に証明できる。

図㉒の通り（２０１９年分は含まれていない）、日本政府の債務残高（２０１９年時点）は名目の金額で１８７２年の３９７３万倍（！）、物価上昇の影響を排除した実質ベースでも１８８５年の

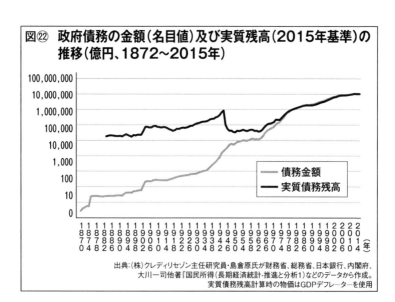

564倍（!）に増えている。どこの世界に、3973万倍に借金を膨らませることを認める「貸し手」がいるというのだろうか。

読者の財布の中に入っている現金紙幣（一万円札など）は、日本銀行の「負債・債務」である日本銀行券だ。つまりは、日銀が発行した貨幣であり「債券」なのである。

それに対し、国債は国庫債券。日本政府が発行した貨幣であり「債券」。国債は「借金」であり、貨幣ではないと主張する人は、日本銀行券を使うのをやめて欲しい。国債と日本銀行券の間には、本質的な違いは何もない。ともに、政府・日銀の負債・債務であり、その通りに両者のバランスシートの貸方に計上されている。

「いや、日本銀行券は返済や利払いが不要だが、国債はそうではない」

と、反駁《はんばく》したくなった人がいるかもしれないが、日本国債は日本銀行が買い取ることで、償還（返済）や利払いの必要性がなくなる。

繰り返すが、日本政府は日本銀行の株式（出資証券）の55%を保有する「親会社」だ。そして日本銀行は日本政府の「子会社」である。

親会社と子会社間のおカネの貸し借り、つまりは「債務と債権の関係」は、連結決算で相殺《そうさい》になる。利払いも同様だ。会計ルール上、そうなっている。

親会社と子会社は「同一の存在」としてみなされる。日銀が日本国債を買い取ると、「日本政府（含む日本銀行）が日本政府（含む日本銀行）におカネを貸している」ことになってしまうため、会計上、相殺されるのである。

利払いも同様だ。何しろ「自分が自分に利子を払っている」わけで、相殺しない方がおかしい。というより、相殺しなければならない。

日本政府は、一応、日銀保有の国債に対して利払いをしているが、日銀の決算が終わると「国庫納付金」として戻ってくる（その後、税外収入に組み込まれている）。

財務省自らがデフォルトを否定している

無論、財政法五条は日本国債を日銀が政府から「直接」引き受けることは禁じている。とはいえ、日銀が市中銀行から国債を購入することには、別に法的な制限はない。というよりも、日銀は国債を購入しなければ、貨幣（日銀当座預金）を発行できない。

そもそも、自国通貨建ての債務不履行など「起こり得ない」ことは、日本の財務省も認めている事実である（現在も財務省のホームページに載っている）。

『日・米など先進国の自国通貨建て国債のデフォルトは考えられない。（財務省「外国格付け会社宛意見書要旨」）』

財務省は外国の格付け会社に向けて「自国通貨建て国債のデフォルト（債務不履行）は考えられない」と、至極当然の見解を表明しているにもかかわらず、国内に対しては「財政破綻」を煽る。

ちなみに、財務省は「自国通貨建ての国債」の財政破綻はあり得ないと主張しているわけで、たとえばユーロ加盟は財政破綻の可能性がゼロではない（たとえ、ドイツだとしても）。なぜか。ユーロの発行権限は欧州中央銀行（ＥＣＢ）が握っており、各加盟国の中央銀行にはないからだ。ユーロ加盟国が発行している国債は「共通通貨ユーロ建て」であり、自国通貨建てではない（そもそもユーロが「自国通貨」だ）。実際、２０１１年にはユーロ加盟国のギリシャがユーロ建て国債について、事実上のデフォルトに陥った。

それに対し、日本国債は１００％日本円建てである。日本が財政破綻に陥ることは「不可能」である。しかも、緊縮財政の継続でデフレーションが解消せず、国力がひたすら弱

図㉓　主要国の2021年政府支出と名目GDP対2001年比（倍）

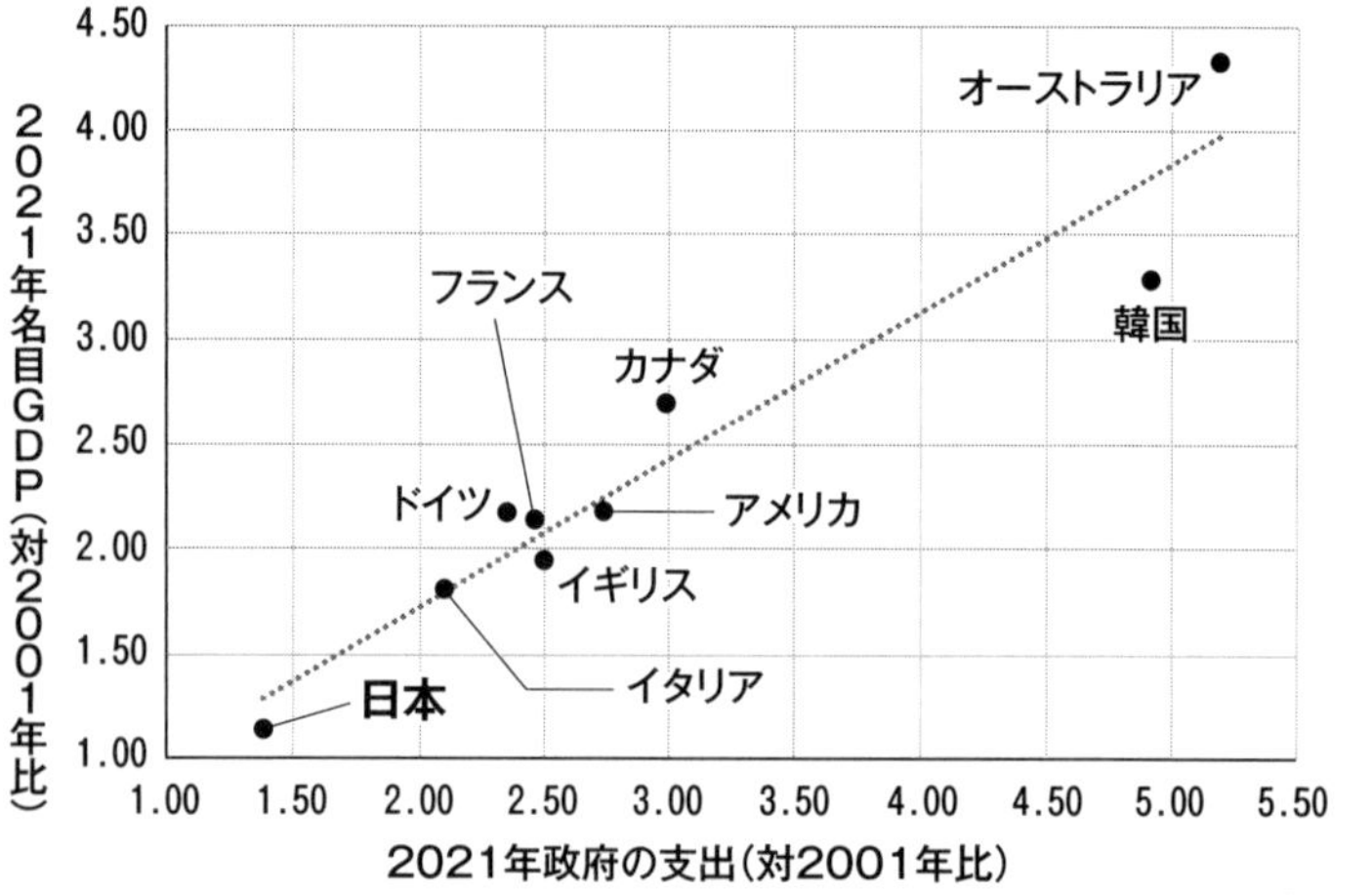

出典:IMF

体化し、国民が貧困化していっているにもかかわらず、財務省の緊縮路線は変更されない。

日本には財政支出の拡大が必要だ、と、主張すると、

「そんなことはない。日本は世界最悪の放漫財政だ」

と、反発する人たちが大勢いるのだが、現実を見て欲しい。

日本は２０１３年以降、金融緩和を継続しながら、反対側で政府が緊縮財政を行ってきた。増税を繰り返し、政府が十分な支出をしなかった結果、デフレが継続しているのだ。

日本政府の支出（２０２１年）は、対

2001年比で1・38倍。他の国は、最も低いイタリアですら2・1倍。

需要不足の国が政府支出（=需要）を増やさない以上、経済が成長するはずがない。案の定、2021年のGDPは対2001年比で1・13倍。

図㉓を見れば、日本のデフレ継続は「政府支出の不足」によるものであると、誰にでも理解できるはずだ。ところが、この手の「事実」が政策にフィードバックされることはなく、緊縮財政は転換されない。まさに、大東亜戦争期の帝国陸海軍の姿勢そのものである。

帝国陸海軍といえば、財務省の諮問会議（財政制度等審議会）には、過去10年以上、「緊縮財政派」が常に名を連ねている。具体的には、吉川洋氏（東京大学名誉教授）、土居丈朗氏（慶応大学教授）、伊藤元重氏（東京大学名誉教授）、伊藤隆敏氏（Econometric Society フェロー）、小林慶一郎氏（慶応大学教授）らになるわけだが、彼らは財務省の諮問会議に（なぜか）選出され、日本の財政破綻を煽り、緊縮財政を主張し続けてきた。彼らの提言により緊縮財政が続き、日本経済の成長はストップ。国家がここまで衰退してしまったにもかかわらず、誰も責任を取らない。

財務省と緊縮派の学者たちは、一種の認識共同体、分かりやすく書くと「サロン」を形成している。彼らはサロンの同僚とのみ会話し、緊縮財政の是非ではなく、

「いかに緊縮財政を推進するべきか？」

を議論する。財務省は緊縮推進のために学者たちを政府の諮問会議に招き、ポストを与える。見返りに、学者たちはメディアで緊縮論を語り、国民に、

「政府は国の借金で破綻する。政府は支出を削減し、増税しなければならない」

という、根本から間違っている亡国の思想を広めていく。

自分たちの狭い世界に閉じこもり、緊縮財政のせいで「何が起きているのか？」については決して目を向けようとしない。貧困化に苦しむ日本国民の声は、彼らの認識共同体の内部には伝わらない。つまりは、外部からのフィードバックを受けつけない。現実が理論と異なっても、自説を翻すことがなく、緊縮路線を突き進み、国民は苦しみ続ける。

まさに、大東亜戦争期の陸軍参謀本部や海軍軍令部のエリート将校そのままだ。

大東亜戦争は四年間で敗戦という形で終わったが、デフレという「日本経済の失敗」は、1997年以降、何と四半世紀も続いている。デフレが継続し、景気が極端に悪化すると、さすがに政府は国債発行を増やし、財政が多少は拡大する。ところが、少しでも景気が上向くと、デフレから脱却したわけではないにもかかわらず、再び緊縮財政に戻る。

総需要が不足している国の政府が、自らの支出（＝需要）を絞り込む以上、当たり前の

話として日本経済はデフレに逆戻りする。そして、景気が極端に悪化すると、またもや「多少の財政拡大」が行われる。もっとも、デフレギャップを埋めるには不十分であるため、結局のところデフレは継続する。

そもそもの目的は「デフレ脱却」のはずだ。デフレ脱却に必要な財政支出拡大を継続すれば、それで話が終わるにもかかわらず、ゴー&ストップ。中途半端な財政支出を繰り返し、目的をいつまでたっても達成できない。

「戦力の逐次投入」。日本のデフレ対策とガダルカナル島の戦いの類似性を感じ取ったのは、決して筆者だけではあるまい。

緊縮財政が財務省の「事業」になった

ところで、財務省の緊縮財政路線は、もちろん「財政法四条」が根っこにあるわけだが、実は「省益」とも絡んでいる。財務官僚は、緊縮のために「汗をかく」ことで出世する。財務省内の評価システムがそうなっているのだ。

増税や支出削減のために努力すると、それが査定で評価される。査定の評価ポイントが

「どれほど、緊縮のために汗をかいたのか」になっているのである。

それでは、財務「省」という組織自体は、なぜ緊縮なのか。

大蔵省設置法と、財務省設置法を比較すれば、理解できる。

『大蔵省設置法（任務）

第三条　大蔵省は、左に掲げる事項に関する国の行政事務及び事業を一体的に遂行する責任を負う行政機関とする。

一　国の財務　二　通貨　三　金融

四　証券取引　五　造幣事業　六　印刷事業』

次に、財務省設置法。

『財務省設置法（任務）

第三条　財務省は、健全な財政の確保、適正かつ公平な課税の実現、税関業務の適正な運営、国庫の適正な管理、通貨に対する信頼の維持及び外国為替の安定の確保並びに造幣

事業及び印刷事業の健全な運営を図ることを任務とする。』

お分かりだろうか?

大蔵省設置法では、大蔵省の任務は財務、通貨、金融等の「業務」になっていた。「事業」という言葉が用いられているが、実質は「業務」だ。硬貨を製造する。紙幣を印刷する。これらは「事業」とは呼び難い(大蔵省時代、日銀は大蔵省の下部組織だった)。

財務省設置法により、任務が「健全な財政の確保」「通貨の信頼維持」という、抽象的な「価値観」に変えられてしまった。誰が変えたのだろうか。

財務省設置法によると、財務省の定義でいう「健全な財政の確保」や「通貨の信頼維持」のために「汗をかく」ことが「事業」ということになる。つまりは、緊縮財政こそが「財務省の事業」になったのだ。

しかも、貨幣観は「貨幣のプール論」。貨幣には限りがある、という認識が共有されてしまっている。実際には、政府の貨幣は「国債発行と支出」によりゼロから生み出されるわけだが、ほとんどの政治家、国民は知らない。

となれば、「税は財源」「予算には限りがある」という前提に基づき、財務省あるいは財

務官僚は、他の省庁の官僚や政治家に対し「権力」を振るうことができる。分かりやすい例を使うと、

「お小遣い制の家庭では、妻は夫に権力をふるえる」

という話だ。財務省以外の官僚や政治家は、国民のために予算を確保する際に、財務官僚に「頭を下げなければならない」のである。

財務省以外の省庁の官僚が財務官僚に「査定のお願い」に行くと、財務省側は一ランクか二ランクも下の官僚が相手をする。そして、自分よりランクがはるかに上の他省庁の官僚に対し、

「この事業は本当に必要なのか。こんなに予算はいらないのでは？」

と、削減を迫ってくる。他省庁の官僚は、どうしても「国民のため」に予算を確保したい。そして「お願い」をする。

最終的に財務官僚が、

「仕方がない」

と「通してあげる」と、他省庁の官僚（あるいは政治家）は、

「ありがとうございます！」

と、感謝をする。大げさでも何でもなく、本当にこの構造になっているのだ。

国民の多くに「貨幣」「財政」に関する正しい知識が広まり、政府は「インフレ率」を唯一の制限に、予算を支出できることが理解されてしまうと、財務官僚は「他省庁の下の会計係」となってしまう。彼らの権力、すなわち、

「限られた予算から支出を認める」

という権力が吹き飛ぶことになるわけだ。

だからこそ、「財源には限りがある」でなければならず、「税金が財源」でなければならないのだ。

財務省に踊らされる国会議員

財務省は、本来は会計係である。別に会計係を下に見ているわけではなく、国家の組織上、そのはずなのだ。ところが、財務「省」は「限られた予算」の編成権限（査定）を握ることで、お小遣い制の家庭の「財布を握った人」になった。

これが、日本の凋落と、将来の亡国の真相なのである。

確かに財務省設置法には「財務省は、健全な財政の確保（中略）を図ることを任務とする」との記述がある。それでは、果たして、誰が「健全な財政の確保」を付け加えたのだろうか。

財務省は、中央省庁等改革基本法を根拠法として、２００１年１月６日に大蔵省が改編される形で発足した。中央省庁等改革基本法は、１９９７年12月３日の行政改革会議の最終報告の主旨に則り、制定されたものだ。

行政改革会議は、１９９６年11月21日から１９９８年６月30日まで総理府に設置された会議である。目的は、中央省庁の再編。行政改革会議の資料を見ると、１９９７年５月14日、21日に大蔵省が提出した資料の中に、以下の記述がある。

『（1）財政構造改革　財政構造の改革は、行政のスリム化・効率化を推進するという観点では、行政改革と方向性を同じくするものと考える。現在、我が国財政は主要先進国中最悪といえる状況となっており、高齢化社会の下で現在の財政構造を放置し、財政赤字の拡大を招けば、国民経済自体の破綻を招く可能性が高い。

今後の高齢化の一層の進展を見据え、21世紀の活力ある豊かな国民生活を実現するとと

もに、次世代に対する責任を果たすために、財政健全化目標を定めるとともに、徹底した歳出全体の見直しを行うなど、財政構造改革を強力に推進しているところである』

何のことはない。財務省設置法に「健全な財政の確保」を追加するべく働きかけたのは、大蔵省自身なのだ。大蔵省は、橋本政権が推進する行政改革を「利用」し、新生財務省の任務に「財政健全化」を付け加えた。

現在の財務省が「プライマリーバランス黒字化」などと、デフレを悪化させる緊縮財政路線を突き進んでいるのは、法律に「健全な財政の確保」とあるためではない。元々、大蔵省時代から官僚たちは財政均衡主義を省是としており、継続的に緊縮財政を推進することが可能なように、法律に「健全な財政の確保」を書いたというのが真相である。

無論、財務省にとって、財政法四条は自らの権力を高めるパワーの源泉だ。それだけでは「不足」と考えたのか、大蔵官僚は財務省発足時に「健全な財政の確保」を設置法に入れた。つまりは法的に「健全な財政」を追求できる構造を作った。

日本国憲法において、財政政策は国民から選ばれた国会議員が差配することになっている。

『日本国憲法　第七章　財政　〔財政処理の基本原則〕
第八十三条　国の財政を処理する権限は、国会の議決に基いて、これを行使しなければならない。』

ところが、財務省は緊縮財政推進の法的な担保を確保し、さらに自省の記者クラブである「財政研究会」を経由し、マスコミをコントロールする。毎四半期、各紙に同時に、「国の借金1000兆円！　国民一人当たり1000万円の借金」といったプロパガンダ記事が掲載されるのは、記者たちが財政研究会で配られたペーパーを元に記事を書いているためだ。

また、財務官僚は頻繁に政治家（特に与党の国会議員）に「ご説明」を繰り返し、緊縮財政の継続を図ってきた。財政処理の権限は、確かに国会議員が持つ。憲法でそう定められているからだ。ならば国会議員に財政破綻論をインプットし、財務省が望む路線を進ませればいい。

また、財務省とはいえ、何らかの「行政文書」がなければ緊縮財政を強行することはできない。財務省に限らず、官僚は文書に基づいて行動する。

つまりは、緊縮財政を維持できる文書を準備すればいい。というわけで、政府が毎年6月に閣議決定する「骨太の方針」が利用されてきた。

2022年の「骨太の方針2022」を巡る自民党政務調査会内の議論を通じ、財務省の犯罪的としか表現のしようがない衝撃の真実が明らかになった。実は、2015年6月の「骨太の方針2015」閣議決定以降、我々日本国民に「財政の主権」は存在しなかったのだ。有権者である一般国民はもちろん、与野党の国会議員にすらなかったのである。

財務省は「自省の権力を高める」ために、常に緊縮財政を振りかざす。緊縮財政路線が継続している限り、財務省は予算の査定時に「権力」を振るうことが可能になる。財務省の査定を通さない限り、あらゆる予算は執行できない。行政とは、予算執行（および規制）なのだ。

たとえば、国土交通省は2008年の道路国会（福田康夫内閣）により、道路特定財源（特別会計）として自省の管轄下にあったガソリン税を、一般会計化されてしまった。すなわち、約2兆5000億円（2020年以降）の道路建設目的の財源を、国土交通省は財務省に「奪われた」のである。ガソリン税が一般会計化されたことで、国土交通省は道路建設の財源を失い、その後は財務省に「お願い」しなければ、道路を建設できなくなってしまった。

それにしても、財務省はなぜここまで強気に予算カットが可能なのだろうか。財務省以外の省庁の官僚は、なぜ、逆らえないのか。

財務省にしても、勝手に、

「この予算はカットする」

と、緊縮財政を進めることはできない。査定権（正しくは査定機能）を用い、各省庁からの予算申請をカットするためには、何らかの行政文書が必要だ。具体的には、法律や閣議決定である。

骨太の方針で閣議決定されるプライマリーバランス黒字化目標は、確かに緊縮財政を強行する論拠になるが、「次年度の予算規模」を決定するわけではない。プライマリーバランス黒字化目標は、

「次年度予算で、いくら削れ」

を決定しているわけではないのだ。

骨太の方針に潜まされた罠

だからこそ、財務省は骨太の方針2015に「罠」を潜ませた。具体的には、以下である。

『（骨太の方針2015から引用）安倍内閣のこれまで3年間の経済再生や改革の成果と合わせ、社会保障関係費の実質的な増加が高齢化による増加分に相当する伸び（1・5兆円程度）となっていること、経済・物価動向等を踏まえ、その基調を2018年度（平成30年度）まで継続していくこと（後略）』

まずは、安倍晋三政権が2015年度まで社会保障関係費の実質的増加を「3年間で1・5兆円」としたことを受け、その基調を2018年度まで続けることを明記している。その上で、右記とはまったく関係ない項目の「脚注」に、以下の文章が書かれていたのだ。

『（同）国の一般歳出の水準の目安については、安倍内閣のこれまでの3年間の取組では

一般歳出の総額の実質的な増加が1・6兆円程度となっていること、経済・物価動向等を踏まえ、その基調を2018年度（平成30年度）まで継続させていくこととする。（後略）』

つまり財務省は、

「一般歳出は3年間で1・6兆円増加。社会保障関係費は3年間で1・5兆円増加。この基調を2018年度まで継続する」

という方針を、骨太の方針に潜り込ませたのだ。

ということは、2016年度から2018年度まで、社会保障関係費を除くと「3年間で1000億円」しか歳出を増やせないという話になってしまう。毎年、約333億円。これが、2015年に財務省が骨太の方針にしのばせたキャップ（予算制限）だ。

確かに社会保障関係費以外、3年間1000億円というキャップがはめられているが、あくまで2018年度までの話では？　などと、甘いことを考えてはいけない。財務省は、骨太の方針2018以降も、毎年「前年の骨太の方針に基づき」という文言を入れ込むことで、毎年「骨太の方針2015に書かれた3年間（社会保障関係費を除き）で1000億円のキャップ」を、閣議決定された政府の方針（実際、閣議決定されている）

として継続してきたのである。

骨太の方針2022では、議論の最後の最後に、財務官僚は、

『令和5年度予算において、本方針及び骨太の方針2021に基づき、経済・財政一体改革を着実に推進する。』


という文章を挿入した。「なぜ?」と、自民党積極財政派が疑問に思い、調査を開始し、ついに「骨太の方針2015」に仕組まれた罠が明らかになったのだ。

というわけで、実は日本の国会議員たちが、国会などでどれだけ「議論」しても、まったく無意味だったのである。財務省は、毎年、受け継がれている「骨太の方針2015」に基づき、淡々と予算カットが可能な構造が作られていたのだ。

日本は「財務省主権国家」だったのだ。

プライマリーバランス黒字化目標を破棄したところで、右記のキャップがある限り、財務省は概算要求の時点で、普通に「3年間の(社会保障関連費を除く)歳出増は1000億円まで」という査定が可能だ。閣議決定された骨太の方針で、そうなっている

からである。

しかも、3年間1000億円というキャップの存在を、閣議決定した当の安倍晋三総理大臣（当時）すら知らなかったのである。信じられないだろうが、事実だ。

ちなみに、内閣府は「3年間で社会保障関連費を除く1000億円」というキャップの存在を認めた。我々日本国民は、少なくとも「財政」については、主権者でも何でもなかったのである。

そもそも、財務省の緊縮財政のバックボーンといえる考え方、つまり、「財政を（収支）均衡させなければならない」という財政均衡主義は、説得力が強い。政府は税収の範囲内で支出するべき、といった論調には、普通の人は逆らえない。我々国民は収入の範囲内で支出をしなければ、借金が増えていく。最終的には、破産に追い込まれるからだ。

政府の赤字は民間の黒字

しかし、政府は違う。政府は共同体の管理者として、国債という貨幣を発行し、国民のために支出することを認められている。政府は「利益」を追求する組織体ではない。国民が困窮しているならば、政府は国債発行と支出、つまりは「自らの赤字」を増やさなければならない存在だ。

政府の機能は「経済の調整」であり、国民経済のシンクの水量が少ない時期、つまりデフレ期には支出を拡大し、徴税を減らさなければならない。逆に、水がシンクからあふれるインフレ期には、支出抑制、増税が必要だ。インフレ期には、確かに財政均衡主義は適切な考え方になる。

とはいえ、デフレ期には異なる。デフレの国が財政均衡主義を追求すると、シンクの水量が不足し、経済が成長しなくなる。１９９７年以降の日本が見事に証明した。

それにもかかわらず、財務省は「常に」財政均衡主義を善とする。まさに、リベラリズム的「あるべき論」である。国民を救うために政策を改めるというリアリズムの考え方は欠片も存在しない。

「帝国陸海軍は、かく戦うべき」という「あるべき論」で戦争を継続し、何百万もの国民を死に追いやった大東亜戦争期の帝国陸海軍と、怖いくらいに似ている。

財務省はリベラリズムである財政均衡主義の追及の象徴として、歴代内閣にプライマ

図㉔　プライマリーバランス赤字額（左軸）と長期金利・インフレ率（右軸）

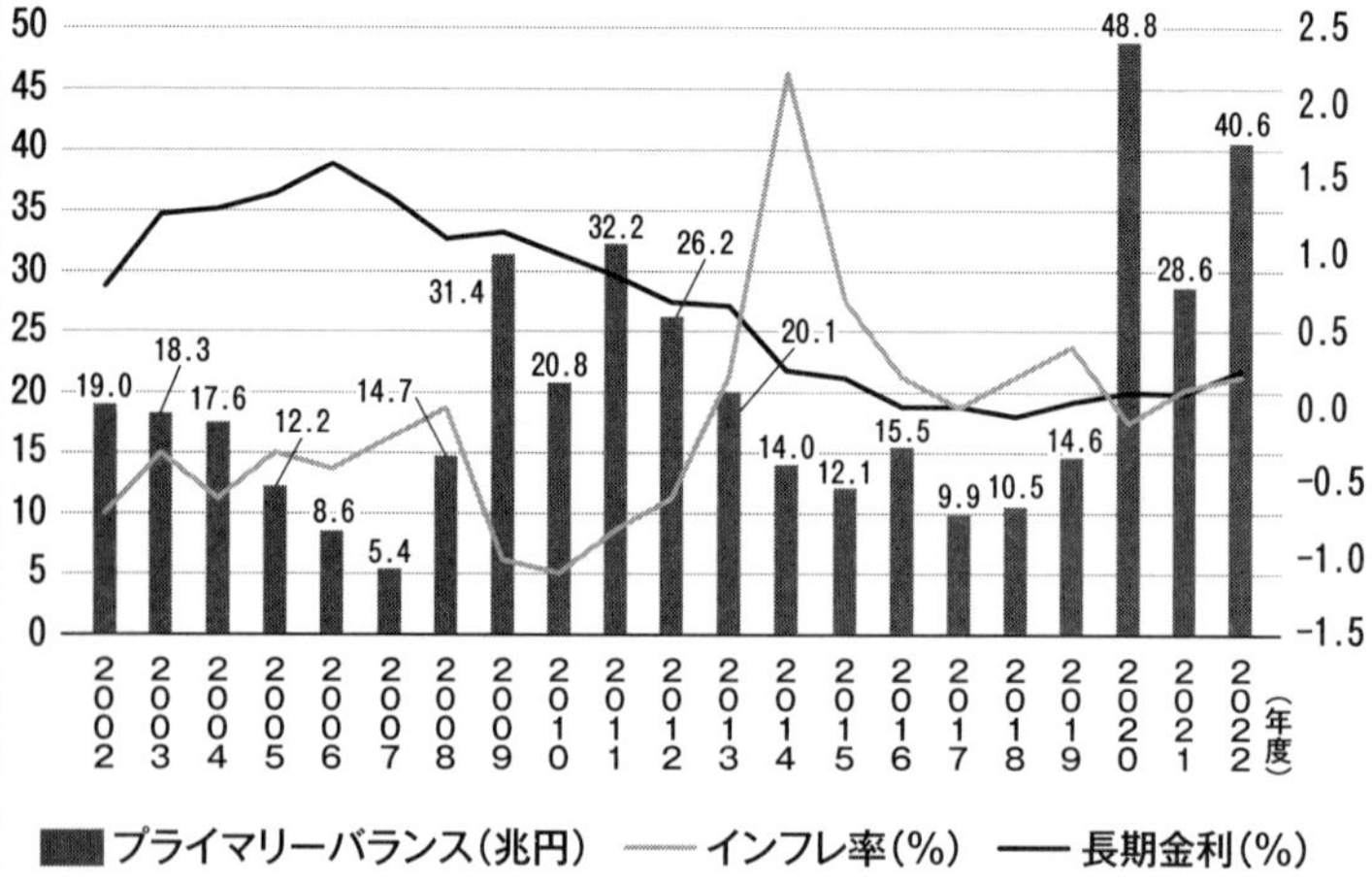

出典:内閣府、統計局、財務省　※2022年度は見込み値

リーバランス黒字化目標を押しつけてきた。とはいえ、現実にはプライマリーバランス黒字化はまったく実現していない。というよりも、実現する気配もない。

図㉔の通り、２０２０年度の政府のプライマリーバランス赤字額は、コロナ対策の影響で50兆円近くにまで膨らんだ。もっとも、政府が50兆円の赤字になったということは、反対側で「民間に50兆円の黒字が提供された」という話になる。誰かの赤字は、誰かの黒字だ。

政府がプライマリーバランス赤字を50兆円近くにまで膨らませ、何が起きたのだろうか。恐ろしいことに、「何も起きていない」のである。

毎年6月に内閣が骨太の方針で閣議決定しているプライマリーバランス黒字化目標こそ、究極のリベラリズムといえる。

「政府の基礎的財政収支（プライマリーバランス）は黒字化するべき」という「べき論」ばかりが先行し、そもそも「その目標」が適切なのかどうか、政治家もメディアもまったく検証しようとしない。赤字額が膨らんだ結果「何も起こらなかった」という現実があったとしても、目標の修正は行われない。ひたすら「べき論」で進んでいく。プライマリーバランス黒字化論者たちは、とにかく、

「政府の基礎的財政収支は黒字化するべき」

という「価値観」を妄信し、主義（教義）にまで高めてしまっている。赤字額が膨らんだとしても、長期金利もインフレ率もほとんど上がらない。何かおかしい、と、思わない方がおかしいわけだが、自分たちの認識共同体に閉じこもり、検証やフィードバックは行わないのが、大東亜戦争期以来の日本のエリートの伝統だ。間違った目標であろうとも、ひたすら「同じ路線」を突き進み、国家を破滅へと導く。

「直間比率の是正」という大嘘

プライマリーバランス黒字化目標、あるいは財政均衡主義というリベラリズムに従うと、政府が支出を増やす際には「増税」が必要という話にならざるを得ない。というわけで、2012年、日本政府は「社会保障の財源」というお題目で消費税増税を決めた。

財務省は外国格付け会社に「自国通貨建て国債のデフォルト（財政破綻）は考えられない」と主張しておきながら、国内では財政破綻を煽る「嘘」をつきまくっている。財務省の代表的な嘘といえば、いわゆる「国の借金」に加えて「消費税の嘘」も上げられる。

改めて、消費税法を読むと驚く。

『消費税法（納税義務者）

第五条　事業者は、国内において行った課税資産の譲渡等（略）につき、この法律により、消費税を納める義務がある。』

となっている。信じられないかもしれないが、消費税法に「消費者」という言葉は登場しない。理由は、消費者は消費税と関係がないためだ。

消費税は「事業者」に課せられた付加価値税、直接税なのである。消費税を増税すると消費者物価が上がるのは、事業者が消費税増税という「コストアップ」を価格転嫁しているに過ぎない。つまりは、消費税プッシュ型インフレが起きているのだ。

消費税が「事業者の付加価値に課せられた直接税」であったところで、消費税の逆進性、「消費に対する罰金」といった欠陥は変わらない。日本の消費税は、欧州では「VAT（付加価値税）」と呼ばれる。もちろん、欧州の呼称の方が正しい。消費税はバリューチェーンの各段階で発生した付加価値に課せられる税だ。各段階の生産者、つまりは、「財やサービスを仕入れ、販売し、付加価値を生産する事業者」は、絶対に「消費者」ではない。消費者は、最終販売者から買う客のことである。法律的に「消費者と無関係」な直接税である消費税が、なぜか「間接税」として認識されている。なぜ、このような事態になったのか。

そもそも、消費税は「直間比率を是正する」なるレトリック（いい回し）で1989年4月に導入された。この時点で「嘘」だったことになる。

消費税が直接税であるということは、「消費税を導入し、法人税・所得税を下げる」という直間比率の是正にならない。単に「直・直比率の是正」である。「法人税・所得税という直接税を減税し、消費税という直接税を導入した」。これが、真実である。

改めて考えてみると、本気で直間比率の是正をしたいならば、物品税を拡充すれば済む話だったのだ。物品税は完全に間接税だ。法人税・所得税を下げ、物品税の品目数を増やし、税率を引き上げれば話は終わったにもかかわらず、なぜか「直接税」である付加価値税が「消費税」という名称で導入された。

ここで、直接税と間接税の定義をしておく。

◆直接税：税金を納める義務のある人（納税者）と、税金を負担する人（担税者）が同一である税金

◆間接税：税金を納める義務のある人（納税者あるいは徴収義務者）と、税金を負担する人（担税者あるいは納税義務者）が異なる税金

たとえば、温泉の入湯税は完全な間接税だ。温泉事業者は、我々が納税義務者として支払った入湯税を「預かり」、徴収義務者として税務署に収める。入湯税は、

『旅館等が特別徴収義務者として、入湯客から入湯税を徴収し、市町村に納める』

とされている。それに対し、消費税法に徴収義務という用語は登場しない。単に、事業者の取引で創出される付加価値に課税し、さらには「納税義務者は事業者」なのだ。徴収義務者と納税義務者が分かれていない以上、消費税は間接税ではあり得ない。

「いや、消費税も預り金として処理しているじゃないか」

と、反発したくなった経理担当者や経営者が少なくないだろうが、実は消費税を会計上、預り金処理するというのは、財務省や国税庁の単なる「指導」であって、義務ではない。

消費税が直接税であるという事実は、すでに裁判で確定している(「東京地裁平成2年3月26日判決、平成元年(ワ)第5194号損害賠償請求事件」など)。

『消費者が納税義務者であることはおろか、事業者が消費者から徴収すべき具体的な税額、消費者から徴収しなかったことに対する事業者への制裁等についてもまったく定められていないから、消費税法等が事業者に徴収義務を、消費者に納税義務を課したものとはいえない』

『消費税の納税義務者が消費者、徴収義務者が事業者であるとは解されない。したがって、消費者が事業者に対して支払う消費税分はあくまで商品や役務の提供に対する対価の一部としての性格しか有しないから、事業者が、当該消費税分につき過不足なく国庫に納付する義務を、消費者に対する関係で負うものではない』

結局のところ、どういう話なのだろうか。

消費税は間接税とは異なり、事業者は徴収義務者でない。消費税は単に、課税売上から課税仕入れを引いた付加価値（≒粗利益）に課せられる「第二法人税」なのだ。

消費税が増税されると、確かに最終消費財の価格は上がることが多い。だが、それは単なる「値上げ」なのである。消費税分を値上げするか、据え置くか、あるいは値下げするか、すべては事業者の経営判断による。というよりも、消費税率と無関係に、価格はビジネス上の力関係で変動する。

消費税増税により事業者の納税負担が増えたとしても、その負担を消費者側に押しつけるかどうかは、事業者側の自由だ。消費税増税分を価格に転嫁しなかったとしても、何の罰則もない。何しろ、事業者は徴収義務者ではないのである。

消費税という呼び名がそもそも間違いで、欧州式のＶＡＴ（付加価値税）が正しいのだ。バリューチェーンのすべての段階で、付加価値に税金を課す。これが、消費税の正体なのである。

「消費税は第二法人税なのですよ」

ちなみに、消費税法には「預り金」という言葉が「旧郵便振替預り金寄附委託」と、本質とは無関係な箇所に一度登場するきりである。消費税を会計上、預り金処理しなければならないとは一言も書いていない。消費税が事業者の預り金ではない以上、当然だ。

というわけで、消費税は直接税であり、間接税ではない。我々は大蔵省（当時）に、30年以上も騙されていたという話になる。消費税は「直間比率を是正する」という建前で導入されたのだが、実際には「直・直比率の是正」だった。所得税や法人税を減税し、付加価値税（消費税）という直接税を導入しただけなのだ。

それでは、なぜ大蔵省は消費税を導入したのか。ここからは推測が入るが、恐らくはこういう話だったのだろう。

大蔵省としては、中小企業の経営者たちが、法人税を支払いたくないため、費用を膨らませ、事業を赤字化させるのが気に入らなかった。当時（今も）の経営者は、

「法人税を支払うくらいならば、従業員に賞与を多めに出して赤字（もしくは赤字ギリギリ）にする」

という経営をやっていた（今もやっている）。

ならば、

「税引き前利益を赤字にし、法人税を支払わない事業者であっても、粗利益（付加価値）段階では黒字のはずだ（それはそうだ）。ならば、そこに課税すればいい」

という発想で、消費税が導入された。

一つの傍証だが、自民党の参議院議員の西田昌司氏が財務官僚と消費税について議論した際に、

「西田先生、消費税は第二法人税なのですよ」

と、いわれたと証言している。

税引き前利益を小さくし、法人税を回避する中小企業から「第二法人税」を徴収する。これが目的だったのだ。

同時に、大企業の（経済産業省経由の）要求で、法人税率は引き下げられた。

とはいえ、そもそも中小企業の多くは法人税を支払っていない。法人税率引き下げなどどうでもよい話だ。

大蔵省としては、

「法人税率引き下げで法人税が減ったとしても、消費税によって、赤字化している中小企業からも税金を徴収できるなら、そちらの方がよい」

という計算が働いたのだろう。

だからといって、右記のままの説明はできない。だからこそ、「消費税は消費者が負担している税金」という嘘八百のプロパガンダを展開し、会計においても消費税を「預り金」処理することを「指導」したのだ。

消費税は間接税という説明は、まさに「国家的詐欺」としか呼びようがない。ここまで露骨に国民を苦しめることになる「嘘」を平気でつく。大東亜戦争期の大本営と、何が違うのだろうか。まったく同じである。政府が嘘を広報し、結果的に国民は自分たちを苦境に陥れる政策を支持する。

欠陥だらけの消費税

消費税はそもそも名称からして「嘘」なのだが、さらには複数の欠陥を持っている。

1．マクロ的に付加価値の総計がGDP（国内総生産）。つまりは、消費税はGDPに課せられた「罰金」である。

日本経済は消費税を増税した1997年以降、GDPの成長が止まってしまった。デフレの国が「付加価値（GDP）に罰金を課した」わけだ。むしろ、経済が順調に成長する方がおかしい。

2．消費税を増税すると、多くの最終価格が上がる。つまりは「消費に対する罰金が増える」ため、消費を抑制する。

消費税は実際には付加価値税だが、小売店が消費増税による「コストアップ」を顧客に転嫁しようとするため、消費者物価も上昇してしまう。消費増税による値上げは、消費に対する罰金として機能する。消費税を増税すればするほど、日本のGDPに占める割合が最大の民間最終消費支出は抑制されてしまう。

3．消費に掛かっているように見え、実態は「事業者の付加価値に」に課せられた税であ

る。価格交渉力がない事業者は、消費税を「飲む」ことを強いられる。

消費税は「製品単価に上乗せ」されているように見え、実際には対価の一部なのだ。100円の製品に10%の消費税が上乗せされ、110円と「表示」されていたとしても、それは単に「110円の商品」に過ぎない。価格交渉力に劣る事業者は、消費税が増税されたとしても、そのまま価格転嫁すなわち「値上げ」をできるとは限らない。その場合、事業者は損失を飲み込むことを強いられる。

4．正規雇用を非正規、業務委託契約に切り替えると、消費税を節税できる（人件費が課税仕入れに変わるため）。

正規雇用の従業員を個人事業主とし、業務委託契約で同じ仕事をしてもらうと、企業側からしてみれば課税仕入れが増え、消費税が減り、さらに社会保険料の負担もなくなる。二十一世紀に入り、日本の雇用が非正規化され、個人事業主が激増した主因の一つは、間違いなく消費税だ。消費税は日本の雇用不安定化の一因なのだ。

5．消費税対所得比率を見ると、高所得者ほど負担が軽く、低所得者ほど負担が重い（低所得者の消費性向が高いため）。
付加価値税である消費税の税率を引き上げると、実際に多くの財、サービスの消費価格

図㉕　消費税収の推移(億円)

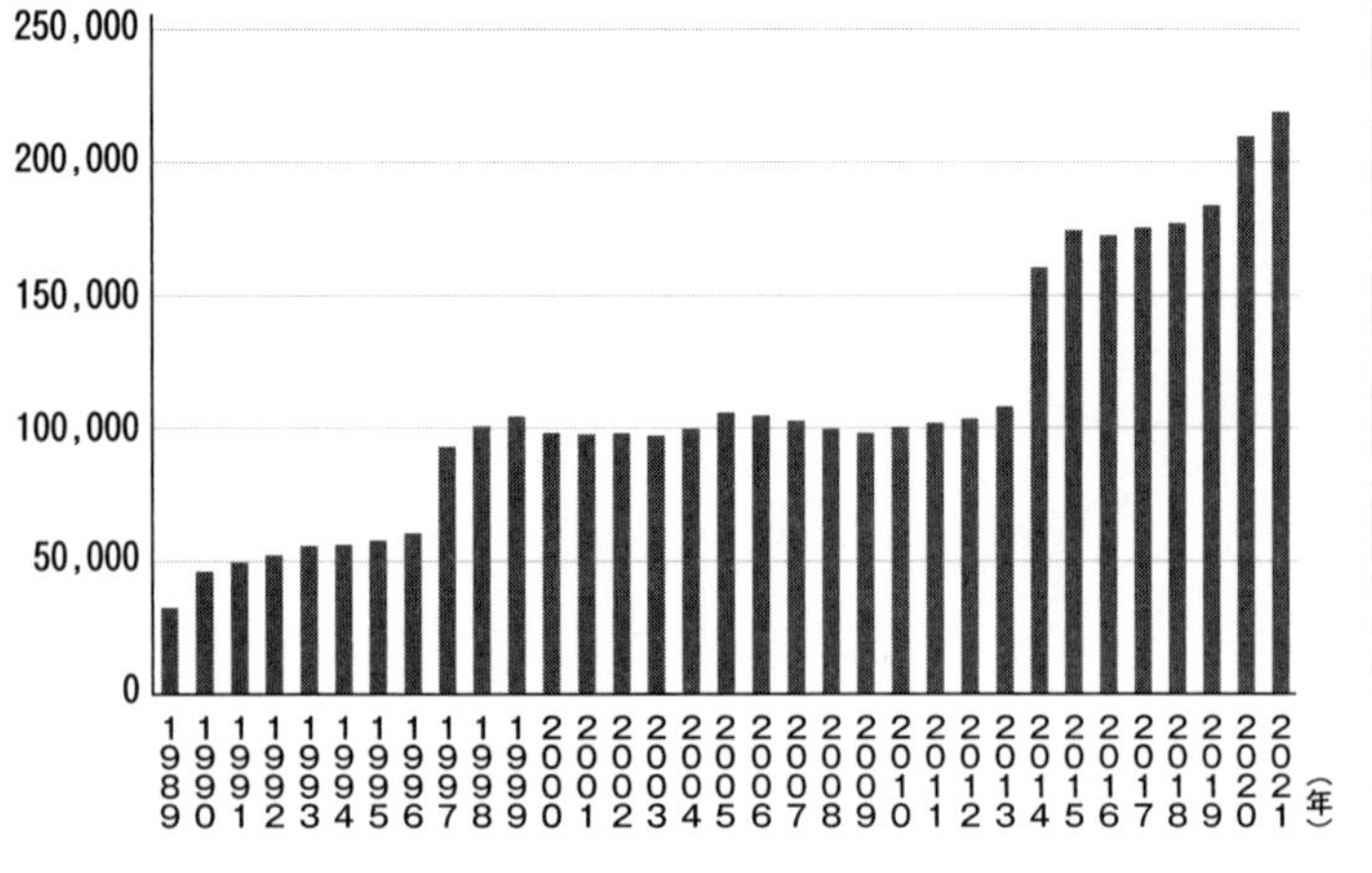

出典:財務省

は上がる。結果、所得に占める消費の割合が大きい低所得者層ほど打撃を受けることになる。

6．恐慌であっても容赦なく徴収される「安定財源」である。

消費税は、恐ろしいほどに安定している。理由は、赤字企業であっても払わなければならない付加価値税であるためだ。

図㉕の通り、消費税収は異様なほどに安定している。リーマンショックでもほとんど減っておらず、コロナ禍であっても増え続けている。理由は、消費税は景気や企業の黒字・赤字とは無関係であるためだ。法人税は、赤字企業は払わなくて構わない。ところが、消費税は容赦なく徴収される。

消費税とは、確かに安定財源なのだが、だからダメなのだ。税金には、「景気が良い時期には多くの税金を取り、景気を冷ます。景気が悪い時期には税金を少なくし、景気を良くする」

という、埋め込まれた安定化機能（ビルトインスタビライザー）がある。というよりも、政府の役割が「国民経済の調整」である以上、なければならない。ところが、消費税にはビルトインスタビライザーの機能が存在しない。そういう意味でも、消費税は欠陥税制なのだ。

7．輸入物価上昇に起因するコストプッシュ型インフレなどにより、国民の所得が増えない状況であっても、物価が上昇すれば消費税収も増える。

輸入物価が上昇し、最終商品の価格が上昇すると、自動的に消費税収は増える。だからこそ、2020年以降、国民がコロナ恐慌に苦しんでいる最中であってさえ、消費税収は増えているのだ。国民の所得が低迷しているにもかかわらず、物価だけが上昇する。コストプッシュ型インフレは、財務省にとってむしろ望むところなのだ。何しろ、消費税収が増える。

下がり続ける実質賃金にコストプッシュ型インフレが襲いかかった

そこで、コストプッシュ型インフレである。図⑧（136ページ）の通り、我々は生産者として働き、財やサービスを生産し、「消費や投資」（＝需要）として支出してもらい、所得を得る。この所得創出のプロセスは、絶対だ。誰にも、否定できない。

137ページで述べたGDP三面等価の原則（生産＝支出＝所得）により、生産（付加価値の生産）価格が上昇すると、所得も増える。「国内」の取引に限定すると、物価の上昇は（実質ではないが）名目の所得を必ず増やすのだ。

問題は、我々が支出した財やサービスが、外国からの輸入だった場合、「国内の所得」は増えないという点である。実際、輸入はGDP（国内総生産）の控除項目になる。

輸入を「地球上」でみた場合、相変わらず「生産＝支出＝所得」は成立する。しかし、輸入された財やサービスは、日本国内の生産者が生産しているわけではない。支出こそ、我々日本国民が行うものの、生産は「外国の生産者」なのである。つまりは、日本国内の生産者の所得は増えない。

図㉖　日本の実質賃金の推移

輸入で増えるのは、外国の生産者の所得だ。ということは、輸入物価の影響で、国内のインフレ率が上昇しても、「国内の生産者の所得」に影響は生じないことになる。というよりも、実際に影響は生じない（＝増えない）。

もちろん、普通の国であれば、国内の生産者の所得も上がっているため、多少、輸入物価が上昇しても問題ない。ところが、日本では所得が増えていないどころか「減っている」タイミングで、「外国の生産者の所得」しか上がらないコストプッシュ型インフレが始まってしまった。日本の実質賃金は、1997年のピークと比べ、14％落ち込んだ状況にある（図

㉖ ２０２０年から２０２１年にかけては、横ばいだった）。内戦や革命をやっているわけではないにもかかわらず、これほど長期に実質賃金の下落が続いたのは、歴史上、我が国だけだ。実質賃金の下落が続く日本に（２０２３年に政府に押される形で一部大企業で賃上げ傾向が見られるが）、ついにコストプッシュ型インフレが襲いかかってきた。

企業の立場で考えてみよう。たとえば、これまで、

1．売上１００－売上原価90（但し、輸入）＝付加価値10

で、ビジネスを回していたところで、輸入物価が95に引き上げられた。企業としては、

2．売上１００－売上原価95＝付加価値5

と、自ら傷を負うか、

3．売上１０５－売上原価95＝付加価値10

と、消費者側に負担を求めるしかない。

これまでの日本企業の多くは、自ら傷を負うことで消費者への負担増を回避してきた。

とはいえ、コロナ禍以降の輸入物価の上昇は、ついに最終製品価格の「値上げ」に踏み切らざるを得なかったわけである。

改めて、GDP三面等価の原則は、「生産＝支出（需要）＝所得」だ。

デマンドプル（需要牽引）で値段が上がった場合、所得も必ず上がる。

逆に、デフレとは総需要が供給能力に対し不足している状況だ。供給能力＞総需要の状況が続くと、値段が下がる。

さらには、デフレ期は販売（生産）数量も減っていく。結果的に、「物価は下がるが、所得はそれ以上に下がる」ことになり、実質賃金が下落していく。

長期間のデフレが続き、国民の貧困化が続く中、コロナ禍をきっかけに海外の財・サービスの供給能力が不足。その上、ロシア・ウクライナ戦争により、コストプッシュ型インフレが始まった。

デマンドプル型インフレとは異なり、コストプッシュ型インフレは国民の所得を増やさない。逆に減らす。

コストプッシュ型インフレにおける「支払いの増加」による所得増分は、単に海外に向かうだけだ。輸入価格の上昇は、日本のＧＤＰ（＝生産＝需要＝所得）を減少させる（そういう統計なのだ）。

国民の所得が上昇しない状況で、「外国の生産者の所得」しか増えないコストプッシュ型インフレ。要するに、またもや消費税が増税されたようなものだ。

税金とは、我々が働き、稼いだ所得の一部が「財やサービス」の提供なしに、政府に分配されるものだ。輸入価格上昇による、コストプッシュ型インフレも同じである。

当たり前だが、増税されたところで、我々の所得が増えるわけではない。むしろ、可処分所得が減ることで、我々は図⑧の「支出」を減らすことになる。結果的に、国内の総需要は減る。あらためて、増税はデフレ促進策だ。

無論、デフレ促進策が「常に」悪いという話ではない。国民の購買力が高まり過ぎ、供給能力に比して需要の拡大ペースが高まり、インフレ率が上がっていく状況であれば、「需要を減らす」増税は正当化される。

ところが、日本政府は総需要不足というデフレに国民が苦しんでいる状況で、増税を繰り返してきた。結果的に、日本経済は人類史上、例を見ないほどの長期にわたるデフレに苦しみ続けている。

そこに、国民の所得が増えず、支出だけが増えるコストプッシュ型インフレが襲いかかってきたわけだ。特に、値上がりが著しいのが、食糧とエネルギーである。

政府支出の増大でデフレは脱却できる

現在の日本の物価上昇について、政府の財政赤字や「国の借金」の増加が原因などと主張する者がいるが、愚か極まる。政府の財政赤字とは、「国債発行＋政府の支出」になる。政府が十分に国内経済に支出をしているならば、需要が拡大し、デマンドプル型のインフレが起きる。

デマンドとは、需要を意味する。そして、総需要とは国内の消費、投資という支出の合計、要するにＧＤＰだ。デマンドプル型インフレとは、コストプッシュ型インフレとは異なり、需要側が牽引していく物価上昇になる。

デマンドプル型インフレが起きるためには、まずは供給能力を上回る総需要があり、インフレギャップ状態でなければならない。たとえば、自社は一日に90個の生産が可能だが、顧客は１００個買うといっている、といった状況だ。

顧客は100個買う。ところが、90個しか生産できない。10個分の機会損失が生じてしまっている。分かりやすくいうと、儲けそこなっている。

当然、企業は何とか、追加の10個を生産しようとする。ところが、好景気の場合は人を増やそうとしても世の中に職があぶれた人はおらず、ままならない。というわけで、設備投資の出番だ。従業員の数は増やさずに、投資により一人当たりの生産量を増やすことで、企業は顧客の需要を満たそうとする。

一人当たりの生産量の増加、つまりは生産性の向上だ。投資による生産性向上に成功すると、企業の実質所得は増える。生産＝支出＝所得である。実質の所得が増えた企業は、労働分配率が一定と仮定すると、従業員の実質賃金を増加させるだろう。従業員が豊かになる。

豊かになった従業員、つまりは国民が増えれば、普通は消費や住宅投資を増やし始める。すると、せっかく生産性向上で埋めたインフレギャップが、需要拡大によりまたまた開いてしまう。

加えて、生産性向上のための投資は、それ自体が「民間企業設備」という需要項目の一部を成す。企業の生産性向上のための投資は、ＧＤＰの二つの需要項目、「民間最終消費支出」と「民間企業設備」という二つのルートで、総需要を拡大することになる。

総需要が供給能力を上回り、企業の生産性向上の投資が起き、生産者の実質賃金が上昇し、豊かになった国民がおカネを使うため、さらに総需要が膨らむ。これが、デマンドプル型インフレだ。政府の支出は「需要」であるため、十分な財政拡大が行われれば、日本は普通にデフレ（総需要不足）から脱却し、デマンドプルで物価は上昇していく。

現実はどうか。2022年7~9月期の名目GDP（年率換算）は約546兆円で、2019年の消費税増税前、2019年7~9月期（561兆円）を下回ったままだ。内閣府の「小さめに出る」平均概念の潜在GDPを用いてさえ、デフレギャップは存在し続けている。

図㉗のマイナスがデフレギャップ。つまりは総需要の不足を表している。日本の需給ギャップはリーマンショック期に大幅にマイナスになった。コロナ禍を受け、最初の緊急事態宣言が出された2020年4~6月期は、何とリーマンショック期を上回るデフレギャップ状態になってしまったのである。

しかも、リーマンショック期はV字回復したが、現在の日本はデフレギャップが対GDP比3%前後で定着した状況にある。要するに、日本経済はいまだにデフレーションなの

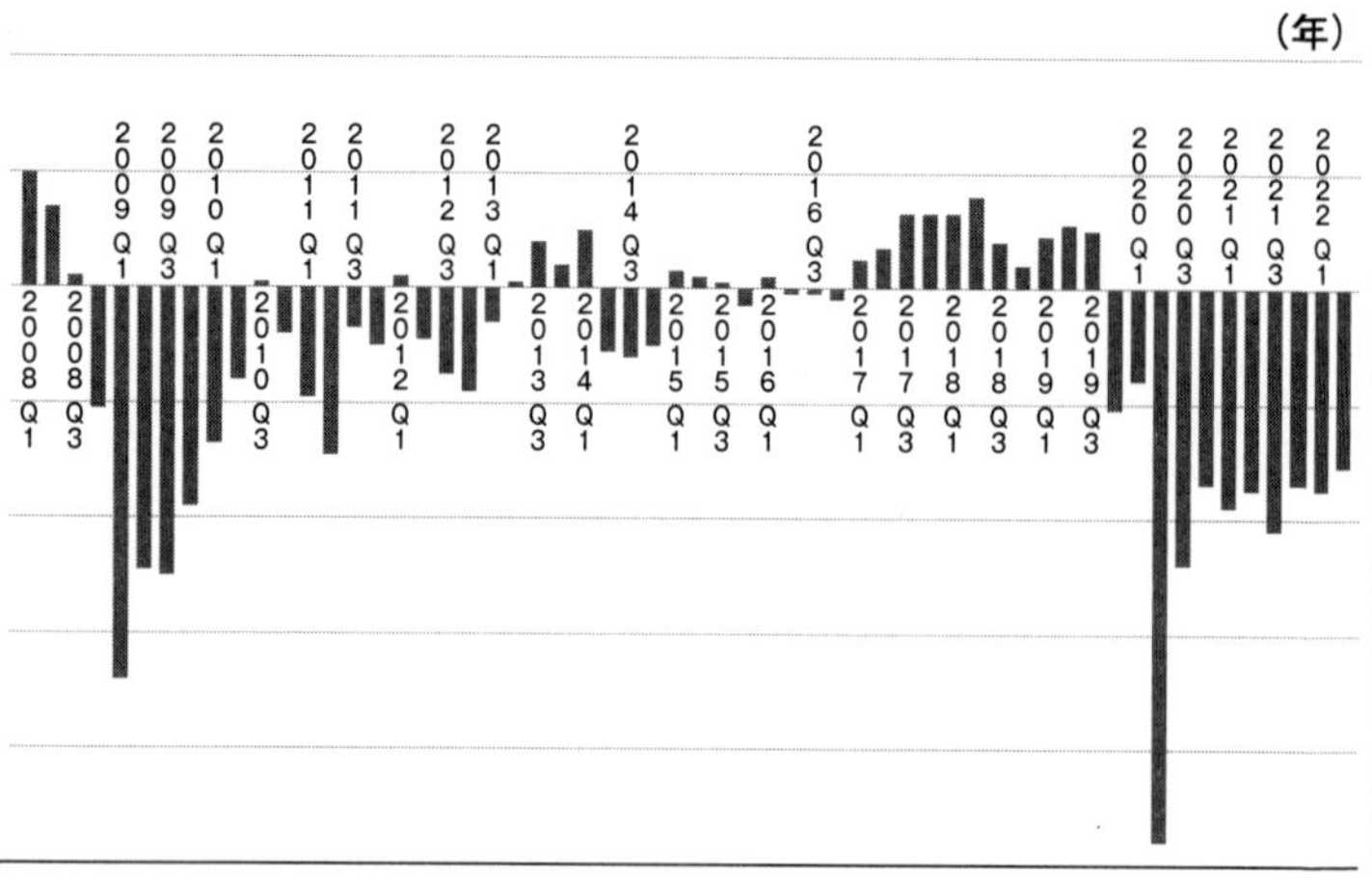

※Q1=1〜3月期、Q2=4〜6月期、Q3=7〜9月期、Q4=10〜12月期　出典:内閣府

だ。

　反対側で、輸入物価は上昇。輸入物価指数（22年9月）は、円ベースで対前年比48・5％増（！）。契約通貨ベースでも21・5％増。

　現在の日本のコストプッシュ型インフレは、明らかに「輸入物価上昇」に起因している。何しろ、価格が上昇しているのが主に食料とエネルギーなのだ。

　日本の輸入依存度（財の輸入÷名目GDP）は12・1％（2020年）と、アメリカに次いで低い。日本は、別に「輸入大国」でも何でもない。とはいえ、輸入を財別にみると、食料、鉱物性燃料（原油、LNG、石炭など）、工業用原料の

図㉗ 日本の需給ギャップの推移（対GDP比%）

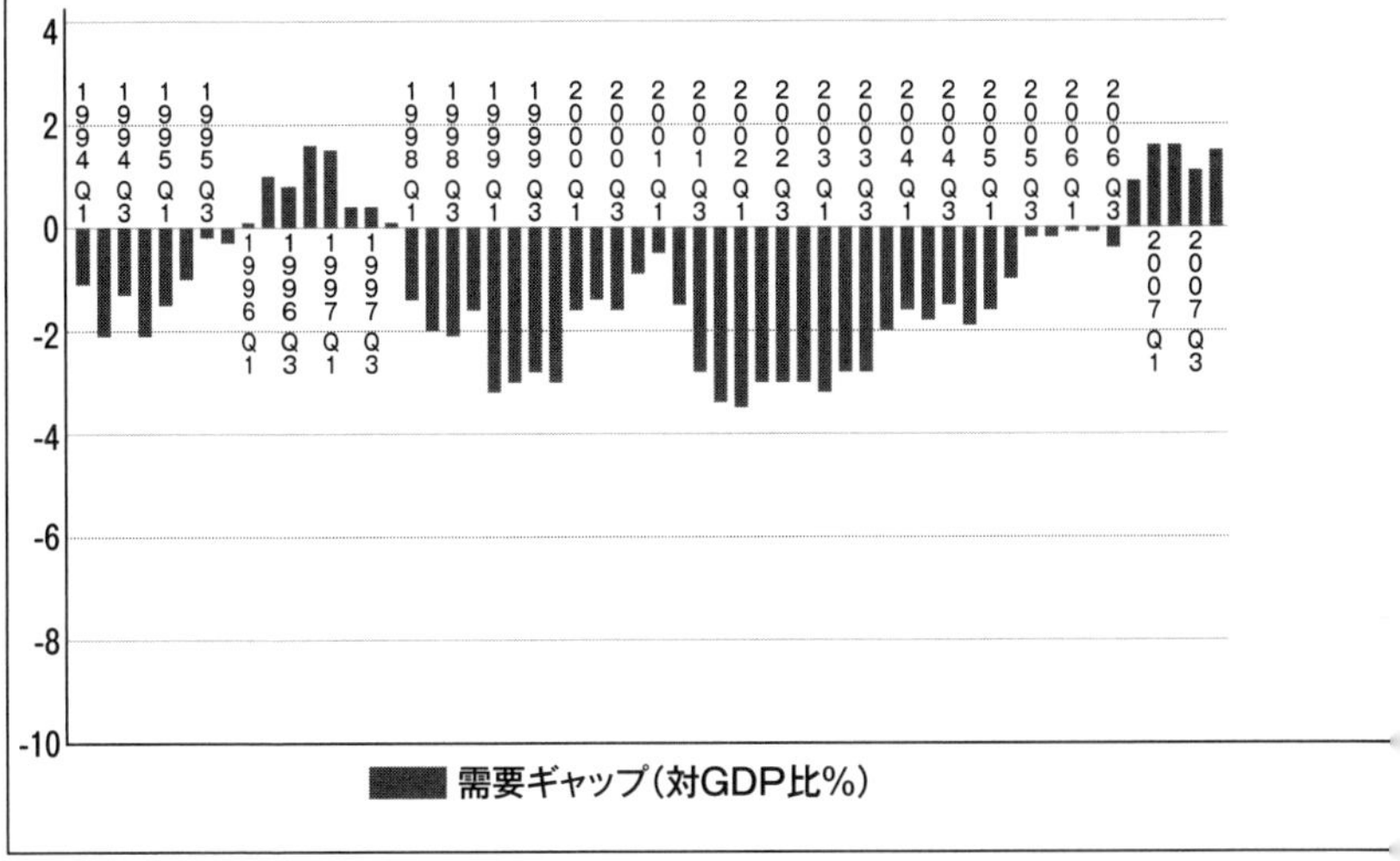

三つだけで過半数を占めている。

世界的に穀物やエネルギーの価格が上昇。これらの財について輸入依存が高い日本国内で、コストプッシュ型インフレが発生した。ただ、それだけの話だ。政府の財政赤字はまったく関係ない。

コストプッシュ型インフレは、国民の可処分所得の減少である。何しろ、所得は一円も増えないにもかかわらず、支出だけが増えるのだ。となれば、政府がやるべきことは一つしかない。減税や給付により、国民の可処分所得を補填《ほてん》するのである。すなわち、今こそ「財政赤字の拡大」が必要なのだ。

それにもかかわらず、日本では相も変

わらず「国の借金、国民一人当たり1000万円突破！」といった報道ばかりがなされ、緊縮財政の転換ができない。すでに四半世紀「失敗」を続けているわけだが、今後何十年、同じ間違いを繰り返すつもりなのだろうか。

解消されない資源不足という大問題

改めて考えてみると、資源が不足し、国家が苦境に陥るというのは、大東亜戦争期の日本と同じである。そもそも、日本が米英と戦争状態に至ったのは、エネルギー資源（原油）が主因だった。

あれから80年以上が経過したが、日本という国家が抱えている問題は何も変わらない。図③「経済の五要素」（61ページ）における資源の不足だ。

もっとも、大東亜戦争期は秋丸機関（100ページ参照）に代表されるように、資源不足を問題視し、国家の存亡を賭けて情報を集め、分析し、知恵を絞った国民がいたのである。それに対し、今回はどうか。

国境を越えた財、サービス、資本、労働力の移動を自由化することが「善である」というグローバリズムにどっぷりとつかり、食料やエネルギーの自給率の低下に目を瞑《つぶ》ってきた。食料自給率は、38％。エネルギー自給率に至っては、わずか12％。ＯＥＣＤ（経済協力開発機構）諸国の中で、ルクセンブルクに次いでワースト2位の日本。

我々の「普通の生活」を守れるのは、政府しかない。その政府が、緊縮財政を堅持し、我々はコストプッシュ型インフレに苦しめられている。

結局のところ、政治を軽視し、アメリカ「様」主導のグローバリズムが「永遠に続く」と、世界を舐《な》めていた我々は、今、そのツケを払わされているのだ。

しかも、このタイミングでロシア・ウクライナ戦争が勃発し、尖閣有事、あるいは「台湾戦争」の危機が一気に高まった。「資源がない」ことでコストプッシュ型インフレに苦しんでいる状況で、戦争という非常事態が近づいてきている。ある意味で、状況は大東亜戦争期よりも悪い。

貨幣観の間違いによる亡国路線が、いよいよ行き着くところまで行き着いた感がある。

「国の借金で破綻する」

と、いわれ始め、すでに四半世紀以上が経過した。国債暴落も、国債金利急騰も、ハイパーインフレーションも、「起きる、起きる」といわれてきたが、まったく起きていない。

戦争の危機が近づき、ようやく日本政府は防衛費の増額に乗り出した。ところが、財務省は防衛力強化を出汁《だし》に、防衛増税を狙っている有様だ。

日本政府の長期債務残高（国と地方の合計）で見ると、1970年度と比較し、2022年度末までに170倍を超えてくる。政府の国債発行は、単なる国民経済への貨幣供給であるにもかかわらず、未だに、

「国の借金は将来世代へのツケ」

「国の借金は将来世代の若い世代やその後に行く」

などと、いってのける愚者たちが政府の中枢に蠢《うごめ》いている。彼らは、今後何十年、現実に否定された財政破綻レトリックを使い続けるつもりなのか。

2倍や3倍ならまだしも、「現実」に政府債務が50年前の170倍超になっている。どこの世界に、「貸した金」が170倍になることを認める「貸し手」がいるというのか。

繰り返しになるが、明治時代から見れば、3973万倍。実質でも564倍。

日本銀行券は、日本銀行が発行した債券（債権、ではない）。国債は国庫が発行した債券。国債が「借金」というならば、自分の財布の中に入っている現金紙幣（日本銀行券）についても「借金」と呼ばなければならない。

両者ともに、日本政府・日本銀行のバランスシートの貸方に「負債」として計上されていることに変わりはないのだ。

税金は財源ではない

もっとも、以前よりも希望があるのは、自民党内に「国庫債券」の正体に「気がついた」議員が増えてきたことだ。東日本大震災後に復興税が導入された際には、ここまで「議論」になることはなかった（当時の与党は民主党だが）。

「気がついた」とは、国債は国庫が発行する「債券＝貨幣」であることに加え、そもそも貨幣とは、

「誰かがバランスシート上の貸方の数字（＝負債）を増やすこと」

で発行されているという現実を知った、という意味でもある。

貨幣は、発行者の貸方の負債の数字を増やすことで発行される。逆に、負債が返済されれば、貨幣は消滅する。

国債を発行すれば、国民の資産（ほぼ銀行預金）が増える。逆に国債を償還すると、国

民の資産が消える。

２０２０年度の特別定額給付金で、すべての国民が「経験」したはずだ。

日本は「国民の資産を増やす＝国債の発行」形で防衛費を増やすことが可能なのだ。それにもかかわらず、未だに「国民の資産を減らす＝増税」にこだわる連中が少なくない。いい加減に、貨幣観を修正するべきだ。

国債発行で、防衛費を増やす。すなわち、防衛力を強化しながら、国民の資産が積み増される。

一体、何が問題だというのだろうか。

ちなみに、政府が（インフレ率が許す限り）国債発行で支出できると理解すると、

「ならば税金は不要なのではないか」

などと、極論をいい出す者がいる。とんでもない。税金は必要だ。ただし「財源」としてではない。

税金は財源ではない。多くの日本国民は、

「我々が税金を納めると、それが貯まり（金貨のイメージ）、支出される」

と考えるだろうが、行政のオペレーション上、そんなことは不可能なのだ。何しろ、政

府は徴税の前に支出をしている。

税金は、政府の支出の「後」に徴収される。そして、国債と相殺で消滅することになる。具体的には、我々が税金を支払うと、その分「銀行の負債（我々の資産）」である銀行預金が消滅し、負債が減った銀行がその金額分、日銀当座預金を政府に渡し、政府が国債と相殺して「貨幣」を消してしまうのだ。

納税とは、社会全体の貨幣（マネーストック）を消滅させるオペレーションである。

税金は、

1. ビルトインスタビライザー（景気の安定化装置）
2. 各種政策目的（格差縮小など）
3. 日本円の流通強制（いわゆる租税貨幣論）

のために必要だ。

最も重要なのは2である。たとえば、所得税の累進課税の緩和、法人税減税、配当金の分離課税促進、そして消費税増税は、すべて国内の格差を拡大する機能を持っている。

1989年以降の日本の税金制度改革は、格差拡大というミッションを帯びていたことになる。各種の税制は、見事に役割を果たし、日本国民の格差は拡大していった。

いずれにせよ、税金は財源ではない。政府は徴税せずとも支出ができる。というか、実際にしている。

税金は単なる「共同体の調整装置」に過ぎないのだが、多くの国民が「財源」であると勘違いしている。我々が税金を払い、その貨幣で公共サービスや公共インフラ建設の支出がなされていると理解しているのだ（何しろ、そう教えられてきた）。

嘘である。

我々が支払った税金は、国債と相殺で消滅しているだけに過ぎない。税金を払っても、政府に金貨（等）が貯まるわけではないのだ。

我々民間は「貨幣を手に入れて、支出する」必要がある。つまりは「財源」が必要なのだ。

とはいえ、政府は違うし、実際に「徴税して、支出する」などしていない。

たとえば、政府が増収になった際に、貨幣観が正されていない多くの国民は、「政府の税収が増えた」

ことをプラスに評価するだろう。とはいえ、現実には「我々の銀行預金」という貨幣がこの世から消滅しているだけで、政府の手元に何らかの資産が残るわけではない。

右記を理解すると、国民の実質賃金、可処分所得が落ちていく中、「政府の税収を増やす」などと、緊縮財政に明け暮れている日本が、いかに「苛政国家」であるかが理解できるはずだ。

日本を亡国に導く大新聞

財務省は、とにかく増税を実現できるのであれば、何でもあり。いかなる状況であろうと、増税のためのレトリックを考え出す。

東アジアの軍事バランスが崩壊し、日本の防衛費の増額は避けられない。となれば、防衛増税を何としても実現する、と、やってくる。

もっとも、現在の疲弊した経済の下であえぐ日本国民は、そう簡単に増税を認めない。政治家も、増税を強行して落選するのが怖い。

ならば、増税に反対しにくいレトリックを考えつけばいい。

「消費税増税は、社会保障の充実のために必要です」

「消費税は社会保障の財源です」

といった出鱈目なロジックの下で、2012年に消費税増税議論が進められ、三党合意に至ってしまった。

当時、

「消費税が本当に社会保障の財源というならば、特別会計にすればいい」

といった議論は存在しなかった。

それから10年が経過して、税金の本質や「信用創造」、「信用貨幣論」といった「事実」が広まりつつある。

となれば、財務省はどうするべきなのか。

「国家防衛は国民の責任だ。国民は増税という形で防衛費増強を負担するべきだ」

と、一見、道義的に逆らい難いレトリックを広めればいい。

実際、財務省寄りのメディアである日経新聞は、2022年11月29日のコラム『大機小機』「安全保障を『自分ごと』に」において、

≪防衛力の強化には当然、国費を投入しなければならない。厳しい財政状況の中で財源をどこに求めるべきか。これが指摘しておきたいもう一つのポイントだ。

報告書では、現役の国民全体で負担すべきだという方向性を打ち出している。正論だ。自民党の一部に、当面、国債でまかなうべきだ、という意見があるようだが、コトの本質を理解しない、とんでもない暴論だ。

いまの国民が身銭を切ってこそ、本当の意味で「自分ごと」になる。そうなれば国会はじめさまざまな場で、防衛政策・安全保障政策が親身に議論される。同時に、国民負担をまかなうための成長戦略にも熱が入るはずだ。これをきっかけに、国民を巻き込んでの議論が展開されることを期待する。≫

と、書いていた。

コトの本質を理解していないのは、日経新聞の方である。日経新聞の「論調」が、日本国家を亡国に導いている。

貨幣は、政府が国債発行という「貸借関係の成立」を認めれば、いくらででも無から創出される。この事実を否定する者は、自分の銀行口座にある預金が「どのように生まれるのか」を説明しなければならない。

民間が銀行から融資を受ける、あるいは政府が国債を発行することで「貸借関係」が成立し、銀行預金が発行される。これこそが、国家の貨幣の真相だ。

もちろん、我々は「自分ごと」として国家防衛を考えなければならない。我々は「供給能力」として防衛力強化に貢献する必要がある。とはいえ、「おカネ」は問題ではない。貨幣で、敵軍を撃退できるはずがない。

敵を阻むのは、財やサービスの供給能力であり、これは国民一人一人の生産力の総計になる。大東亜戦争において、日本は貨幣ではなく、経済力や供給能力の不足により敗北した。

財務省や日経新聞には、是非とも答えて欲しい。デジタルデータや札束で、中国人民解放軍を撃退できるのか？

すべてを貨幣の問題に置き換え、増税と政府支出抑制を繰り返し、供給能力が毀損《きそん》し、兵器の生産能力も喪失した国が敵国から自国を防衛できるのか？

国家防衛という究極の課題が生じた結果、「カネ中心主義」がいかに間違っているか、日本国民は否応なしに理解させられつつある。皮肉な話だが、現在のコストプッシュ型インフレと迫りくる戦争の危機は、日本の「経済」を正常化させる絶好の機会でもあるのだ。

「財源確保法」成立で日本は終わる

財務省は2023年の通常国会で「財源確保法」の成立を目論んでいる。財源確保法とは、簡単にいえば「何らかの支出を増やすためには、財源を明確に確保しなければならない」という主旨だ。ここでいう財源とは増税と歳出削減だけであり、国債は含まれていない。

天下の愚策であるプライマリーバランス黒字化目標は、「国債関係費（債務償還費、利払費）を除く歳出は、国債以外の歳入で賄う」という定義である。もっともプライマリーバランス黒字化目標は閣議決定であるため、閣議で「やめる」と決断すれば、そこで終わりとなる。

それに引き換え、財源確保法は法律であるため、プライマリーバランス黒字化目標よりも賢固な緊縮財政となってしまう（さらにまずいのは憲法を改正して財政均衡を定めてしまうことだ）。財務省にしてみれば、プライマリーバランス黒字化目標は閣議でひっくり返されてしまう可能性があるため、法律で緊縮財政を決定づけようとしているわけだ。

政府は「貨幣を調達しなければ、支出できない」わけではない。繰り返しになるが、現代社会において、貨幣とは民間の借り入れ、及び政府の国債発行によって創出されている。

逆にいえば、民間や政府が借金を返済すると貨幣は消滅してしまう。政府でいえば、徴税と国債償還が貨幣を消滅させることになるのだ。現在、日本政府の税収は70兆円近くと過去最高となるのが確実だ。それにもかかわらず、日本政府は70兆円近い税収を国民のために使うのではなく、国債を償還して貨幣を消してしまう方向に舵を切ろうとしている。

財務省によりコントロールされている岸田政権だけでなく、立憲民主党の枝野幸男前代表までもが「先の選挙で消費減税を唱えたのは間違いだった」と完全に財務省に取り込まれている。となると、解散総選挙になったところで「増税与党ｖｓ増税野党」という不毛な選挙にもなり得、結果として「民意」として「増税＝緊縮財政」が決まってしまう。そうなった場合、日本国民はますます貧困化し、国全体としても先進国から脱落していく。つまり、亡国の一途をたどっていくのだ。

おわりに〜大東亜戦争期の日本と、現代の日本

コミュニケーションで抽象表現が多用される。一部のエリートが認識共同体の中に閉じこもり、現実を視《み》ず、フィードバックも受け入れず、既存の手法、リベラリズム的な「べき論」にしがみつき、同じ失敗を繰り返す。問題の本質を理解しようとせず、リソースの逐次投入で事態を悪化させる。特定の人物が影響力を保持し、失敗しても責任を取ろうとせず、同じことを続ける。挙句の果てに、嘘を国民に喧伝し、自分たちの失敗を隠蔽し、最終的な敗北まで方向転換せずに突っ走る。

二つの時代は気味が悪いほどに似ているが、結局のところ現代日本人も、大東亜戦争期の日本人も、あるいはそれ以前の日本人も「同じ日本人」という話に過ぎないのだろう。少なくとも、災害死史観であり、リアルなリスク分析ではなく、抽象論、リベラリズム（べき論）に流れがちという特性は変わっていない。

大東亜戦争期の先人たちに同情するべき点があるとすれば、問題が「経済力」だったことである。アメリカとの経済力や供給能力の差は覆すにはあまりにも大きく、アメリカと

全面戦争に突入した以上、最終的な敗北は免れなかった。

しかし、現代は違う。別に、アメリカ相手に戦っているわけではなく、さらに問題は「貨幣観の間違い」に過ぎないのだ。貨幣観を間違えているからこそ、デフレーションが継続し、虎の子の供給能力を毀損し続けている。当たり前だが、デフレの国では投資が起きず、財やサービスの生産能力の強化はされない（強化したところで儲からない）。

現在の日本には、デフレーションという総需要不足と、コストプッシュ型インフレという物価上昇、二重苦が襲いかかってきている。このまま緊縮路線を転換しない場合、将来的な発展途上国化は免れず、最悪、中国の属国化である。

もっとも、本書では人類の黎明期《れいめい》から語ってきたが、「人類の歴史」など、所詮《しょせん》はこの程度のものだ。正しい政策が実施されることなど、まずないし、すべてを「自分の思い通り」にしたいならば、ヒットラーやスターリン、毛沢東になるしかない。民主制の国民国家日本において、革命は許されない。血がにじむほどに唇を噛みしめつつ、耐えがたい環境変化の中を、主権者である国民一人一人が足掻《あが》くしかないのだ。

主張が通ったら通ったで、フランス革命やロシア革命のような悲劇になることもある。常に混乱し、人々が苦しみ続けなければならないのが人類の歴史であり、文明なのだ。それでも、人類は何とか「生存」のために足掻き、生き延びてきた。

現在の日本の問題は、意外にシンプルだ。貨幣について正しく理解しさえすれば、ほとんどの問題は解決する。

国力、あるいは経済力とは、貨幣の量ではない。財やサービスを生産する力、供給能力である。同時に、貨幣は供給能力を強化し、国民の経世済民を達成するためのツールである。共同体の管理者である政府には、貨幣の発行という強大な権力が与えられている。最低でも、これらの事実だけでも日本国民が理解することができれば希望が生じる。

本書が、日本国民の「経済」への理解、そして日本国の亡国回避のための一助にならんことを祈りつつ、筆を置くことにする。

2023年3月

著者

装幀　　　　　杉本欣右
図版作成　　　タナカデザイン
校正　　　　　田中修

三橋貴明（みつはし・たかあき）

１９６９年、熊本県生まれ。作家・経世論研究所所長。東京都立大学経済学部卒業。２００７年、インターネットの公開データの詳細な分析によって、当時好調だった韓国経済の脆弱さを指摘、大反響を呼ぶ。これが『本当はヤバイ！韓国経済』（彩図社）として書籍化され、ベストセラーとなる。『中国崩壊後の世界』『中国不要論』（小学館新書）『財務省が日本を滅ぼす』（小学館）などヒット作多数。運営するユーチューブチャンネル「三橋ＴＶ」の登録者数は43万人。

編集　小川昭芳

日本経済　失敗の本質
誤った貨幣観が国を滅ぼす

二〇二三年四月四日　初版第一刷発行

著者　三橋貴明
発行者　飯田昌宏
発行所　株式会社小学館
〒一〇一-八〇〇一　東京都千代田区一ツ橋二-三-一
編集〇三-三二三〇-五七二〇　販売〇三-五二八一-三五五五
ＤＴＰ　株式会社昭和ブライト
印刷所　萩原印刷株式会社
製本所　株式会社若林製本工場

 ISBN 978-4-09-388897-4